北京市哲学社会科学规划办公室
北京市教育委员会
北京现代产业新区发展研究基地
首都清洁能源供应和使用安全保障技术协同创新中心
资助出版

低碳转型视域下的投入产出核算与应用

赵欣娜 著

北京工业大学出版社

图书在版编目（CIP）数据

低碳转型视域下的投入产出核算与应用 / 赵欣娜著. — 北京：北京工业大学出版社，2020.12（2021.11重印）
ISBN 978-7-5639-7824-3

Ⅰ. ①低… Ⅱ. ①赵… Ⅲ. ①投入产出分析－中国 Ⅳ. ①F223

中国版本图书馆 CIP 数据核字（2020）第 271308 号

低碳转型视域下的投入产出核算与应用
DITAN ZHUANXING SHIYUXIA DE TOURU CHANCHU HESUAN YU YINGYONG

著　　者：	赵欣娜
责任编辑：	刘连景
封面设计：	点墨轩阁
出版发行：	北京工业大学出版社
	（北京市朝阳区平乐园 100 号　邮编：100124）
	010-67391722（传真）　bgdcbs@sina.com
经销单位：	全国各地新华书店
承印单位：	三河市腾飞印务有限公司
开　　本：	710 毫米 ×1000 毫米　1/16
印　　张：	8.75
字　　数：	170 千字
版　　次：	2020 年 12 月第 1 版
印　　次：	2021 年 11 月第 2 次印刷
标准书号：	ISBN 978-7-5639-7824-3
定　　价：	45.00 元

版权所有　翻印必究

（如发现印装质量问题，请寄本社发行部调换 010-67391106）

内容提要

传统投入产出核算在全球工业化背景下有了很大发展，实践证明这种经济模型在国民经济核算中起到了很大的作用。然而经济发展与资源环境有着必然的联系，而传统的国民经济核算是以市场原则设计的，人们只考虑了经济系统，对于资源环境的认识则是"取之不竭"的"无价"资源。从低碳转型的视角来看，建立一套全新的集能源、经济和环境为一体的绿色核算体系就成为学术界和理论界所面临的一个亟待解决的课题，而将其应用在国民经济核算中更是迫在眉睫。《中国投入产出表》由国家统计局每五年统计一次，期间统计一个延长表。基于此特性，本书首先引入绿色投入产出核算的基本理论，然后在此理论基础上，利用多年《中国投入产出表》及其他相关数据，构建了集能源、经济、环境三方面因素为一体的中国绿色投入产出体系，并将其应用于实证研究。

作者撰写时以切合实际为宗旨，以大量实际中的典型实例为素材，深入剖析了低碳转型进程中的一些问题。作者在写作过程中考虑不同程度读者群的需要，在内容的表述上，尽量做到通俗易懂、语言简练、结合实际、图文并茂。本书既可供广大从事低碳经济转型发展的一线专业从业人员和科研院所的相关研究人员参考，也可供高校经济管理类专业的在校学生学习使用。

前 言

"绿色经济"作为一种颠覆性的经济发展模式,已成为未来全球经济竞争的重要领域。能源环境效率问题已经引起了世界各国的广泛关注,能源恢复、环境保护和经济发展之间的平衡已成为保证经济可持续发展的关键因素。我国当前的经济发展正面临国际减排和国内发展的双重压力,能源环境结构调整以及经济增长方式转变必将发生。因此,探讨能源环境效率与经济发展之间的内在关系不仅有重要的学术价值,也有很重要的实践价值。

本书的研究思路是由"内涵能源"概念延伸而来的。本书将内涵能源概念进行扩展,不仅评估直接能耗、直接产污和直接碳排放,还充分考虑了完全能耗、完全产污和完全碳排放,加上资本投入、劳动力使用等,进而进行技术因素、结构因素、动态因素及网络因素分析。本书首先以绿色投入产出核算作为基础,并将其引入双因素效率分析中;其次基于行业关联角度研究整个国民经济体系中行业间双向交易中完全能耗和完全产污对整体绩效的作用影响,从而研究节能减排政策制定的理论基础和体系框架;最后基于上述模型,进而再扩展到 Malmquist 拓展模型研究中。如此分析的意义在于提供与以往分析不同的视角,这样充分考虑到行业之间的相互影响作用,能避免行业绩效评估的一些不足之处,较以往的绩效评估更为深刻。综上所述,本研究成果从理论和方法上完善了中国能源-经济-环境问题的相关研究,是对全要素生产率理论的一种拓展,同时也是对绿色核算理论和产业组织理论的一种丰富。

笔者在写作过程中得到了许多专家学者的支持和帮助,尤其衷心感谢雷明教授的悉心指导,笔者正是沿着雷明教授所指明的研究方向,方得此作。能够师从雷教授,是笔者的幸运。正是雷教授传道、授业、解惑,为笔者指引了科研的方向,铺平了科研的道路,笔者对雷教授的感激之情是无法用言语表达的。笔者在本书的研究阶段得到了北京市社会科学基金(16YJC049)的支持,并且还得到了北京市哲学社会科学规划办公室、北京市教育委员会、北京现代产业新区发展研究基地、首都清洁能源供应和使用安全保障技术协同创新中心的大力支持。

  10年前,笔者在刚迈入科学研究大门时就对绿色投入产出核算产生了浓厚的兴趣。因此,笔者希望这本书也能发挥这样的作用,希望这本书能抛砖引玉,能使投入产出理论领域及低碳转型绩效评析应用领域涌现出更多、更好的学术作品。同时,笔者也希望能够通过本书结交更多的学术伙伴。

  由于成书时间仓促,加之笔者水平有限,书中疏漏之处在所难免,敬请各位读者批评指正。

目 录

第1章 低碳经济转型视域下的绿色核算 ... 1
　1.1　低碳经济转型的发展趋势 ... 1
　1.2　绿色核算的发展趋势 ... 2

第2章 绿色投入产出核算的理论基础 ... 5
　2.1　绿色投入产出模型的构建 ... 5
　2.2　绿色投入产出表系的组成 ... 8

第3章 绿色投入产出表的编制 ... 11
　3.1　能源使用和能源恢复部门中间投入数据的确定 ... 11
　3.2　污染物产生和污染治理部门中间投入数据的确定 ... 17
　3.3　编制完整的绿色投入产出表 ... 21

第4章 绿色核算下的行业关联双因素效率分析 ... 25
　4.1　绿色核算下的行业关联的感应度系数分析 ... 25
　4.2　绿色核算下的行业关联的影响力系数分析 ... 30
　4.3　行业关联关系下的产业结构调整分析 ... 35

第5章 绿色核算下的节能减排双因素效率分析 ... 37
　5.1　完全能源消耗系数 ... 37
　5.2　双因素能源效率对中国产业结构调整的需求 ... 40
　5.3　完全产污消耗系数 ... 41
　5.4　完全碳排放系数 ... 46
　5.5　双因素环境效率对中国产业结构调整的需求 ... 49

第 6 章　绿色核算下的高能耗产业分析 ··51
  6.1　阶段性动态投入产出绩效模型 ··51
  6.2　动态产业投入产出绩效要素的选取 ······································56
  6.3　动态产业投入产出绩效的聚类分析 ······································58
  6.4　动态产业投入产出绩效的 BCG 变体矩阵分析 ·························61
参考文献 ··65
附录　中国绿色投入产出表系 ···67
  附录 1　中国 2002 年绿色投入产出表（单位：万元）·····················67
  附录 2　中国 2005 年绿色投入产出表（单位：万元）·····················78
  附录 3　中国 2007 年绿色投入产出表（单位：万元）·····················90
  附录 4　中国 2010 年绿色投入产出表（单位：万元）·····················101
  附录 5　中国 2012 年绿色投入产出表（单位：万元）·····················111
  附录 6　中国 2015 年绿色投入产出表（单位：万元）·····················121

第1章　低碳经济转型视域下的绿色核算

1.1　低碳经济转型的发展趋势

新冠肺炎疫情对全球经济的冲击不仅使需求萎缩,对全球供应链的供给冲击更将加速现有的全球"脱钩"进程,从而加速推动各国企业"回流",对整体经济的影响更加集中。2020年3月,"联合国贸易和发展会议"(UNCTAD)预计2020年全年国际直接投资(FDI)总量或将下降5%～15%。即使疫情消失,世界各国也会在贸易的跨境流通方面施加更为严格的管制。在这种新形势下,低碳经济转型的区位格局重构将成为我国经济发展"去诟病"的有力手段。

《中国低碳经济发展报告2014》(以下简称《报告》)就曾指出,中国碳排放量中的29%是由其他国家消费引起的,即常说的碳泄漏问题。《报告》也指出,在实施节能减排过程中,政府需要从生产和消费的两方面精确测算,合理地分配减排指标。生产者责任及消费者责任的区域碳泄漏问题,是提升区域低碳转型效率、强化碳减排国际话语权亟待解决的重要问题。根据世界银行的定义,碳泄漏实质是碳密集型产业的国际转移问题。碳密集型产业的国际转移主要是通过国际贸易和国际投资的方式来实现的,贸易流向的改变最终会导致投资方向的改变,因此,碳泄漏从本质来看是通过FDI引入而承接的碳密集型产业转移产生的。2017年2月,欧洲议会立意于降低碳排放,提案提高碳交易费用。2018年3月8日,特朗普正式签署行政命令,对进口钢铁和铝产品分别征收25%和10%关税,矛头直指中国碳排放。

目前,中国经济进入"新常态",经济增速放缓,产业结构不断升级,粗放型产能成为中国经济增长中的"顽疾"。1998年至今,中国有一半以上的时间处于严重的产能过剩,是一种具有浓厚的"二元经济"色彩的高能耗经济发展模式。自2016年以来,全国多地连续多日爆发严重雾霾,PM2.5指数爆表波及 17 个省份，71 个城市重度及以上污染，石家庄 PM2.5 指数一度破千。由此可见，由传统经济发展所带来的资源浪费和环境污染已经成为困扰我国低碳经济转型的重大阻碍。

《中国“十三五”规划纲要》指出，要主动控制碳排放，加快建立多元化生态补偿机制，这阐述了中国发展低碳经济的决心。这强调了在环境资源高效配置的前提下，经济增长绩效的重要性。然而，短期的需求刺激不足以真正解决产能过剩问题，治理产能过剩必须充分利用国内国外两个市场，供求两端双管齐下。2013 年 9 月，“一带一路”倡议提出，为解决产能过剩问题提供了新的思路和契机。优质产能就必须聚焦生产者责任及消费者责任的区域碳循环问题，而这正是提升区域低碳转型效率、强化国际竞争力亟待解决的重要问题。

低碳经济是低能耗、低污染、与经济环境相协调的经济发展模式，其核心问题在于碳生产效率不断提高。中国从原有的计划经济向市场经济的过渡进程中，采用了区域梯级结构方式推进。而在实行低碳可持续发展的渐进过程中，中国也采用了分区域逐步推进的方式。这样的结果是，各省低碳可持续发展的政策力度以及条件配备程度不一，从而导致各省低碳经济绩效存在显著的区域差异性。以 2016 年为例，河北省的碳排放量为 5 499.3 亿吨，占全国碳排放总量的 20%，而海南省为 0.4 亿吨。由此可见，我国低碳转型进程的不均衡性显著存在。究其原因，宽松式的宏观环境规制是导致污染密集型产业进入的“拉力”，环境的外部性是导致碳排放增加的主要原因。随着中国政府积极推动“一带一路”建设，稳步开展国际产能合作，丝绸之路经济带圈定为新疆、重庆等 13 个省（区、市），海上丝绸之路也圈定了上海、福建等 5 个省市。与已有的东西区域差异相比，“一带一路”倡议略对圈定省份的政策红利也将对这些省份的转型绩效产生深远影响。

1.2 绿色核算的发展趋势

经济的发展与环境有着必然的联系，而传统的国民经济核算是以市场原则设计的，只考虑了经济系统，人们对于能源环境的认识是“取之不竭”的“无价”资源。1962 年美国生物学家蕾切尔・卡逊出版了《寂静的春天》一书，书中描写了因过度使用化学药品和肥料而最终会给人类带来不堪重负的灾难。有学者早在 1969 年就提出了一个把经济和生态环境结合在一起的概念框架。在此基础上，列昂惕夫在 1973 年提出了环境投入产出模型，并把污染物的产生与消除包含进去。德国联邦统计局的斯塔默则认为，可持续发展概念包括经济、社会和生态三个方面，并提出投入产出核算的"魔术三角"。巴西里约热内卢联邦大学经济系的学者运用投入产出技术估计了巴西1985年至1996年出口贸易活动中引起的工业排放情况。丹麦的学者等在传统投入产出核算的基础上，将家庭消费选择和生活方式、能源消耗和排放因素纳入其中，建立了能源－经济－环境一体化投入产出核算体系，并且进一步用数据包络方法对环境绩效进行评估。菲律宾学者编制了菲律宾里帕市的环境投入产出表，分析研究资源环境对当地经济的影响。韩国学者则编制了韩国的能源投入产出表，并利用1985年至2000年的投入产出数据对韩国的能源环境政策进行分析。

近年来，我国在可持续发展战略指导下，环境资源投入产出模型逐渐建立起来。雷明基于投入产出方法提出了一套资源－经济－环境一体化投入产出核算体系——绿色投入产出核算（GIOA）体系。绿色投入产出核算基于列昂惕夫投入产出核算，综合反映了经济活动同资源环境之间的相互作用。与传统投入产出核算相比，绿色投入产出能为我国可持续发展宏观决策和产业结构调整提供更客观的依据。目前，绿色投入产出核算理论已被许多研究学者所认同，如王德发编制了上海市绿色投入产出表，简析了上海市各行业的污染治理情况。刘兆顺、陈铁华等人分别编制了吉林省和江苏省的绿色投入产出表，并对比了各行业的资源治理情况。雷明等人从资源－经济－环境综合核算角度，针对中国在里约会议以来十年（1992—2002年）的可持续发展，对1992年、1995年、1997年、2000年和2002年资源－经济－环境状况进行了全面综合核算。除此之外，其还基于《2007年中国投入产出表》编制了《2007年中国绿色投入产出表》（见附录3），并做了初步核算分析。2002年至2015年的《中国绿色投入产出表》见附录。

第 2 章 绿色投入产出核算的理论基础

传统投入产出核算在全球工业化背景下有了很大发展,实践证明这种经济模型在国民经济核算中起到了很大的作用。然而经济的发展与资源环境有着必然的联系,而传统的国民经济核算是以市场原则设计的,人们只考虑了经济系统,对于资源环境的认识是"取之不竭"的"无价"资源。从可持续发展的观点来看,建立一套全新的集资源、经济和环境为一体的绿色核算体系就成为学术界和理论界所面临的一个亟待解决的课题,而将其应用在国民经济核算中更是迫在眉睫。《中国投入产出表》由国家统计局每五年统计一次,期间统计一个延长表。基于此特性,本章首先介绍绿色投入产出核算的基本理论,然后在此理论基础上,利用《中国投入产出表》及其他相关数据,编制了集能源-经济-环境综合为一体的中国绿色投入产出表系(见附录)。

2.1 绿色投入产出模型的构建

美国经济学家列昂惕夫从 1931 年开始研究利用投入产出技术分析美国的经济结构和经济均衡问题,于 1936 年发表了第一篇关于投入产出研究的论文,这标志着投入产出核算的诞生。从此,投入产出技术作为一种数量经济分析方法适应了世界经济发展的需要,广泛应用于对经济发展现象和形态的分析、研究和预测中,逐渐形成了投入产出分析的计量经济学分析方法。因此,列昂惕夫由于在投入产出核算领域的突出贡献而获得了 1973 年的诺贝尔经济学奖。然而随着经济增长贡献率的不断提高,资源相对不足、生态环境日益脆弱、生态承载力下降等环境问题凸显,尤其是日本核泄漏事件发生之后,资源环境问题受到人们的关注。鉴于资源环境和经济发展紧密联系,建立绿色核算体系逐渐成为国民经济核算发展过程中面临的重要课题。可持续发展下的绿色投入产出核算不仅考虑了资源环境与经济活动的密切联系,而且还考虑了存量及其与流量间的相互关系。

与传统投入产出模型相比，绿色投入产出模型（如表 2-1）引入了能源消耗及污染排放，较全面揭示出经济对自然资源、环境状况的影响，揭示出各部门、各产品之间的、与自然环境的联系，因而绿色投入产出模型在实现可持续发展过程中具有十分重要的作用。

表 2-1　绿色投入产出

		能源恢复部门	一次能源部门	二次能源部门	其他行业部门	污染治理部门	最终产出	总产出
能源使用		U_{ij}^{e}	U_{ij}^{p1}	U_{ij}^{p2}	U_{ij}^{p3}	U_{ij}^{w}	Y_i^e	X_i^e
一次能源部门		Q_{ij}^{e1}	Q_{ij}^{p11}	Q_{ij}^{p12}	Q_{ij}^{p13}	Q_{ij}^{1w}	Y_i^{p1}	X_i^{p1}
二次能源部门		Q_{ij}^{e2}	Q_{ij}^{p21}	Q_{ij}^{p22}	Q_{ij}^{p23}	Q_{ij}^{2w}	Y_i^{p2}	X_i^{p2}
其他行业部门		Q_{ij}^{e3}	Q_{ij}^{p31}	Q_{ij}^{p32}	Q_{ij}^{p33}	Q_{ij}^{3w}	Y_i^{p3}	X_i^{p3}
污染物排放		W_{ij}^{e}	W_{ij}^{p1}	W_{ij}^{p2}	W_{ij}^{p3}	W_{ij}^{w}	Y_i^w	X_i^w
增加值合计		N_j^e	N_j^{p1}	N_j^{p2}	N_j^{p3}	N_j^w	—	—
总投入		Z_j^e	Z_j^{p1}	Z_j^{p2}	Z_j^{p3}	Z_j^w	—	—
人工资产	固定资产	W_{ij}^{e}	$W_{ij}^{p(p)}$	$W_{ij}^{p(s)}$	$W_{ij}^{p(s)}$	W_{ij}^{w}		
自然资产	实物资产	—	t_{ij}^{e1} (X_i^e-Z_i^e)	t_{ij}^{e2} (X_i^e-Z_i^e)	t_{ij}^{e3} (X_i^e-Z_i^e)	—		
	环境资产	—	$t_{ij}w^1$ (X_iw-Z_iw)	$t_{ij}w^2$ (X_iw-Z_iw)	$t_{ij}w^3$ (X_iw-Z_iw)	—		

在表 2-1 中，能源使用比例 $t_{ij}^e = U_{ij}^p / X_i^e$，污染排放比例 $t_{ij}^w = W_{ij}^p / X_i^W$。表中各字母含义如下。

U_{ij}^e：第 j 恢复部门恢复第 j 种能源时消耗第 i 种能源数量。

Q_{ij}^{ek}：第 j 恢复部门恢复第 j 种能源时消耗第 k 类行业的第 i 个产品部门的产品数量。

W_{ij}^e：第 j 恢复部门恢复第 j 种能源时排放出的第 i 种废物量。

N_j^e：第 j 恢复部门恢复第 j 种能源时包括固定资产折旧部分的新创造价值（劳动报酬等）。

Y_i^e：最终产品领域中对第 i 种能源的消耗量。

X_i^e：第 i 种能源消耗总量。

Z_j^e：第 j 种能源恢复总量。

U_{ij}^{pk}：第 k 类行业中第 j 生产部门生产过程中对第 i 种能源的消耗量。

Q_{ij}^{pkm}：第 m 类行业中第 j 生产部门生产过程中对第 k 类行业中第 i 部门产品的消耗量。

W_{ij}^{pk}：第 k 类行业中第 j 生产部门生产过程中排放第 i 种废物量。

N_j^{pk}：第 k 类行业中第 j 生产部门生产第 j 种产品时包括固定资产折旧部分新创造价值。

Y_i^{pk}：第 k 类行业中第 i 生产部门最终产品。

X_i^{pk}：第 k 类行业中第 i 生产部门总产品。

U_{ij}^{w}：第 j 治理部门治理第 j 种废物时消耗第 i 种资源量。

Q_{ij}^{kw}：第 j 治理部门治理第 j 种废物时消耗第 k 类行业中第 i 部门产品量。

W_{ij}^{w}：第 j 治理部门治理第 j 种废物时排放的第 i 种废物量。

N_j^{w}：第 j 治理部门治理第 j 种废物时包括固定资产折旧部分新创造价值。

Y_i^{w}：最终产品领域中第 i 种污染物排放量。

X_i^{w}：第 i 种废物排放总量。

Z_j^{w}：第 j 种污染物治理总量。

由表 2-1 中有关数据还可以确定出表 2-2 中的重要参数（直接使用/消耗/排放系数）。

表 2-2 直接系数表

部门	能源使用系数	产品消耗系数	污染物排放系数
能源恢复部门	$Q_{ij}^e=U_{ij}^e/Z_j^e$	$Q_{ij}^p=U_{ij}^p/X_j^p$	$Q_{ij}^w=U_{ij}^w/Z_j^w$
生产部门	$A_{ij}^e=Q_{ij}^e/Z_j^e$	$A_{ij}^p=Q_{ij}^p/X_j^p$	$A_{ij}^w=Q_{ij}^w/Z_j^w$
污染治理部门	$F_{ij}^e=W_{ij}^e/Z_j^e$	$F_{ij}^p=W_{ij}^p/X_j^p$	$F_{ij}^w=W_{ij}^w/Z_j^w$

除此之外，能源恢复比例为 $d_i=Z_i^e/X_i^e$；污染消除比例为 $\beta_i=Z_i^w/X_i^w$；能源使用系数为 $S_{ij}^e=t_{ij}^e(X_i-Z_i)/X_i P$；环境损耗系数为 $S_{ij}^w=t_{ij}^w(X_i^w-Z_i^w)/X_i^P$。

从各部门基本经济内容来看，可以得出以下三大平衡矩阵方程组。

$$Q^{e'}Z^e + Q^{p'}X^p + Q^{w'}Z^w + Y^e = X^e$$
$$A^{e'}Z^e + A^{p'}X^p + A^{w'}Z^w + Y^p = X^p$$
$$F^{e'}Z^e + F^{p'}X^p + F^{w'}Z^w + Y^w = X^w \quad (2\text{-}1)$$

其中，$Z_i^e = \alpha_i X_i^e$，$Z_i^w = \beta_i X_i^w$

继而可以得到绿色投入产出核算中重要的参数——完全消耗系数，其中 d 为折旧率。

产品完全消耗系数：

$$\begin{bmatrix} \bar{A}^e \\ \bar{A}^p \\ \bar{A}^w \end{bmatrix} = \begin{bmatrix} I - Q^e & -(A^e + dN^e) & -F^e \\ -Q^p & I - (A^p + dN^p) & -F^p \\ -Q^w & -(A^w + dN^w) & I - F^w \end{bmatrix}^{-1} \begin{bmatrix} A^e \\ A^p + dN^p \\ A^w \end{bmatrix} \quad (2\text{-}2)$$

能源完全使用系数：

$$\begin{bmatrix} \bar{Q}^e \\ \bar{Q}^p \\ \bar{Q}^w \end{bmatrix} = \begin{bmatrix} I - Q^e & -(A^e + dN^e) & -F^e \\ -Q^p & I - (A^p + dN^p) & -F^p \\ -Q^w & -(A^w + dN^w) & I - F^w \end{bmatrix}^{-1} \begin{bmatrix} Q^e \\ Q^p + S^e \\ Q^w \end{bmatrix} \quad (2\text{-}3)$$

污染物完全排放系数：

$$\begin{bmatrix} \bar{F}^e \\ \bar{F}^p \\ \bar{F}^w \end{bmatrix} = \begin{bmatrix} I - Q^e & -(A^e + dN^e) & -F^e \\ -Q^p & I - (A^p + dN^p) & -F^p \\ -Q^w & -(A^w + dN^w) & I - F^w \end{bmatrix}^{-1} \begin{bmatrix} F^e \\ F^p + S^w \\ F^w \end{bmatrix} \quad (2\text{-}4)$$

2.2 绿色投入产出表系的组成

绿色投入产出表系的主体部分由 42 个传统行业的中国绿色投入产出表构成。除此之外，表中还加入了能耗和碳排放因素。首先是三大能源恢复部门是煤炭、石油、天然气能源恢复部门，其中能源使用为煤炭、石油和天然气；六大能源产业行业有煤炭采选业，石油和天然气开采业，电力、热力及水生产和供应业，石油加工业、炼焦及核燃料加工业，燃气生产和供应业；其余部门为非能源行业部门。同时，还设立了三大污染治理部门，即废水、废气、固体废弃物治理部门，其中污染物排放为废水、废气、固体废弃物。具体42部门划分情况如表2-3所示（后文各部门序号及附录表头序号均与此表一致）。

表2-3 行业部门归并明细表

序号	行业部门名称	序号	行业部门名称
01	农林牧渔业	22	废品废料
02	煤炭开采和洗选业	23	电力、热力的生产和供应业
03	石油和天然气开采业	24	燃气生产和供应业
04	金属矿采选业	25	水的生产和供应业
05	非金属矿及其他矿采选业	26	建筑业
06	食品制造及烟草加工业	27	交通运输及仓储业
07	纺织业	28	邮政业
08	纺织服装鞋帽皮革羽绒及其制品业	29	信息传输、计算机服务和软件业
09	木材加工及家具制造业	30	批发和零售业
10	造纸印刷及文教体育用品制造业	31	住宿和餐饮业
11	石油加工、炼焦及核燃料加工业	32	金融业
12	化学工业	33	房地产业
13	非金属矿物制品业	34	租赁和商务服务业
14	金属冶炼及压延加工业	35	研究与试验发展业
15	金属制品业	36	综合技术服务业
16	通用、专用设备制造业	37	水利、环境和公共设施管理业
17	交通运输设备制造业	38	居民服务和其他服务业
18	电气机械及器材制造业	39	教育
19	通信设备、计算机及其他电子设备制造业	40	卫生、社会保障和社会福利业
20	仪器仪表及文化办公用机械制造业	41	文化、体育和娱乐业
21	工艺品及其他制造业	42	公共管理和社会组织

第 3 章 绿色投入产出表的编制

基于绿色投入产出表理论模型，在确定的 42 个传统行业的中国绿色投入产出表的机构框架基础上，本章内容将呈现绿色投入产出表的编制过程。由于三期编制方法相同，下面表的编制过程以 2007 年数据为例。

3.1 能源使用和能源恢复部门中间投入数据的确定

3.1.1 三种能源使用量

由于使用的是煤、石油和天然气能源本身而非是由它们产生的产品，鉴于数据的可得性，我们假设对煤、石油和天然气的直接使用全部来自上述三个部门，来自其他部门的直接使用量为零。这三种能源的使用量是根据 2007 年中国能源生产量确定的，各种能源间数据折算关系如下。

$$1 \text{ 万吨煤} = 0.714\,3 \text{ 万吨标煤}$$

$$1 \text{ 万吨原油} = 1.428\,6 \text{ 万吨标煤}$$

$$1 \text{ 亿标立方米天然气} = 13.3 \text{ 万吨标煤}$$

能源使用情况如表 3-1 所示。

表 3-1 能源使用情况表

能源	能源比率	能源生产量	折算成原始单位	回采率	资源使用量
原煤	76.6%	1 803.28 百万吨标准煤	2 524.53 百万吨	30%	8 415.13 百万吨
原油	11.3%	266.02 百万吨标准煤	186.21 百万吨	32%	581.90 百万吨

续表

能源	能源比率	能源生产量	折算成原始单位	回采率	资源使用量
天然气	3.9%	91.81 百万吨标准煤	690.31 亿标立方米	79%	873.82 亿标立方米
合计	—	2354.15 百万吨标准煤	—	—	—

注：除上述三种能源外，还有水电占 8.2% 的比重

3.1.2　能源恢复纵列数据的计算

首先，进行各行业节能总量的计算。对于三种非再生能源，能源的恢复可以理解为能源的合理开采和利用。鉴于数据的可得性，对能源节约量的分配采用如下计算方法。以煤为例，第一步分别计算出 2006 年和 2007 年每万元产值耗煤量；第二步把两数相减得出每万元节煤量；第三步用该数乘以 2007 年国民生产总值（GNP），从而得出 2007 年节煤量。同理可得节油量和节气量。最终得出节能量如表 3-2 所示。

表 3-2　单位 GNP 节能系数表

年份	耗煤量	节煤量	耗油量	节油量	耗天然气量	节气量
2006	1.123 吨/万元	—	0.165 吨/万元	—	0.002 6 标立方米/元	—
2007	1.028 吨/万元	0.095 1	0.146 吨/万元	0.019 4	0.002 8 标立方米/元	-0.000 2

上表中节天然气系数为负，这是因为 2007 年能源消耗的结构调整，使天然气消耗量在国民经济中所占比例上升。在这里把这种结构调整导致天然气替代其他能源的节能量定为 0。理论上这种假设是可行的，因为这里假设的节能部门都是虚拟部门，系数为负即说明单位耗能增加，因此我们可认为该部门对国民经济没有任何贡献。根据上述计算结果可得，各行业部门的节能量折算如表 3-3 所示。

表 3-3　各行业部门的节能量折算结果

行业部门序号	总产出/亿元	节煤量/万吨	节油量/万吨	节天然气量
01	48 893.0	4 650.3	947.1	0
02	9 645.0	917.4	186.8	0
03	9 534.8	906.9	184.7	0
04	6 149.3	584.9	119.1	0
05	3 851.6	366.3	74.6	0

续表

行业部门序号	总产出/亿元	节煤量/万吨	节油量/万吨	节天然气量
06	41 790.3	3 974.8	809.5	0
07	25 197.3	2 396.6	488.1	0
08	18 072.5	1 719.0	350.1	0
09	10 993.9	1 045.7	213.0	0
10	14 933.0	1 420.3	289.3	0
11	21 074.5	2 004.5	408.2	0
12	61 998.0	5 896.8	1 201.0	0
13	22 804.3	2 169.0	441.7	0
14	61 095.9	5 811.0	1 183.5	0
15	17 705.4	1 684.0	343.0	0
16	39 486.5	3 755.7	764.9	0
17	32 978.4	3 136.7	638.8	0
18	27 155.0	2 582.8	526.0	0
19	41 190.2	3 917.7	797.9	0
20	48 796.6	464.1	94.5	0
21	6 183.4	588.1	119.8	0
22	4 365.9	415.3	84.6	0
23	31 485.9	2 994.7	609.9	0
24	1 108.2	105.4	21.5	0
25	1 178.8	112.1	22.8	0
26	62 721.7	5 965.6	1 215.0	0
27	31 700.1	3 015.1	614.1	0
28	730.7	69.5	14.2	0
29	10 030.4	954.0	194.3	0
30	28 832.5	2 742.3	558.5	0
31	14 815.4	1 409.1	287.0	0
32	19 481.0	1 852.9	377.4	0
33	14 774.6	1 405.3	286.2	0
34	11 784.5	1 120.9	228.3	0
35	1 379.0	131.2	26.7	0
36	4 397.0	418.2	85.2	0
37	2 158.2	205.3	41.8	0
38	8 754.3	832.7	169.6	0

续表

行业部门序号	总产出／亿元	节煤量／万吨	节油量／万吨	节天然气量
39	13 065.8	1 242.7	253.1	0
40	11 122.5	1 057.9	215.5	0
41	3 540.9	336.8	68.6	0
42	15 817.5	1 504.5	306.4	0
43	818 858.9	77 883.6	15 862.1	0

其次，计算各行业部门对三种能源节约中间投入的折算。能源经济学将能源节约原因归纳为三个方面，即产品结构调整、加强能源科学管理、综合治理及技术节能。假设节能的70%来自各行业部门的内部管理，而另30%则来自节能设备的贡献。而根据《全国商务领域节能产品目录》（2009）和《节能机电设备（产品）推荐目录（第二批）》（2010），制造节能设备的各行业部门及其权数确定如表3-4所示。

表3-4 制造节能设备的各行业部门的权数

行业部门名称	原表行业部门序号	权数
锅炉及原动机制造业	064	0.025 718 608
其他通用设备制造业	067+068	0.517 398
汽车制造业	074	0.030 257
家用电力和非电力器具制造业	080	0.228 442
其他电气机械及器材制造业	078+079+081	0.087 746
电子计算机制造业	084	0.054 462 935
家用视听设备制造业	086	0.043 872 92
文化、办公用机械制造业	089	0.012 102 874

基于此，人们即可确定能源使用和能源恢复部门中间投入数据情况如表3-5所示。

根据表3-5中各节能设备部门的权数，结合节能的70%来自各行业部门的内部管理，而另外30%来自节能设备的贡献的原则，我们可以得到各行业部门能源恢复情况。

表 3-5 污染治理部门的中间投入数据

行业部门序号	总节煤量/万吨	总节油量/万吨	总节气量/万吨	技术节能直接消耗系数	煤炭恢复部门/万吨	石油恢复部门/万吨	天然气恢复部门/万吨
01	4 650.33	947.10	0	0.000 065	3 256.76	663.28	0
02	917.36	186.83	0	0.005 151	762.52	155.30	0
03	906.89	184.70	0	0.001 364	666.69	135.78	0
04	584.88	119.12	0	0.003 511	491.46	100.09	0
05	366.34	74.61	0	0.000 664	271.94	55.38	0
06	3 974.78	809.52	0	0.005 512	2 911.14	592.89	0
07	2 396.58	488.10	0	0.001 940	1 722.94	350.90	0
08	1 718.93	350.08	0	0.003 092	1 275.48	259.77	0
09	1 045.66	212.96	0	0.004 598	839.38	170.95	0
10	1 420.31	289.27	0	0.012 152	1 278.14	260.31	0
11	2 004.45	408.23	0	0.017 496	1 811.91	369.02	0
12	5 896.78	1 200.96	0	0.091 100	6 256.30	1 274.18	0
13	2168.98	441.74	0	0.015 340	1 876.71	382.22	0
14	5 810.98	1 183.49	0	0.360 591	12 492.92	2 544.36	0
15	1 684.01	342.97	0	0.070 188	2 818.75	574.08	0
16	3 755.66	764.89	0	0.240 857	8 256.61	1 681.57	0
17	3 136.66	638.82	0	0.025 898	2 800.77	570.42	0
18	2 582.78	526.02	0	0.135 906	4 983.39	1 014.94	0
19	3 917.70	797.90	0	0.116 151	5 456.27	1 111.25	0
20	464.12	94.52	0	0.007 772	506.49	103.15	0
21	588.12	119.78	0	0.009 652	637.20	129.78	0
22	415.26	84.57	0	0.025 885	895.48	182.38	0
23	2 994.71	609.91	0	0.029 782	2 792.15	568.66	0
24	105.41	21.47	0	0.001 009	97.37	19.83	0
25	112.12	22.84	0	0.000 723	95.38	19.43	0
26	5 965.61	1 214.98	0	0.000 400	4 185.28	852.39	0
27	3 015.07	614.06	0	0.038 232	3 003.85	611.78	0
28	69.50	14.16	0	0.001 571	85.36	17.38	0
29	954.02	194.30	0	0.006 019	808.45	164.65	0
30	2 742.33	558.51	0	0.040 769	2 872.20	584.96	0
31	1 409.13	286.99	0	0.009 515	1 208.70	246.17	0
32	1 852.89	377.37	0	0.016 713	1 687.53	343.69	0
33	1 405.25	286.20	0	0.004 029	1 077.81	219.51	0
34	1 120.86	228.28	0	0.019 600	1 242.56	253.06	0
35	131.16	26.71	0	0.004 306	192.42	39.19	0
36	418.22	85.18	0	0.005 963	432.09	88.00	0
37	205.28	41.81	0	0.000 444	154.08	31.38	0
38	832.65	169.58	0	0.001 570	619.54	126.18	0
39	1 242.72	253.10	0	0.001 109	895.81	182.44	0

续表

行业部门序号	总节煤量/万吨	总节油量/万吨	总节气量/万吨	技术节能直接消耗系数	煤炭恢复部门/万吨	石油恢复部门/万吨	天然气恢复部门/万吨
40	1 057.89	215.45	0	0.002 855	807.23	164.40	0
41	336.78	68.59	0	0.001 852	279.01	56.83	0
42	1 504.45	306.40	0	0.000 184	1 057.40	215.35	0

各行业部门中的节能数据如表 3-6 所示。

表 3-6 各行业部门的节能数据

行业部门序号	技术改造节能量（煤炭）/万吨	技术改造节能量（石油）/万吨	技术改造节能量（天然气）/万吨	管理节能量（煤炭）/万吨	管理节能量（石油）/万吨	管理节能量（天然气）/万吨
01	1.53	0.31	0	3 255.23	662.97	0
02	120.36	24.51	0	642.15	130.78	0
03	31.87	6.49	0	634.82	129.29	0
04	82.04	16.71	0	409.42	83.38	0
05	15.50	3.16	0	256.44	52.23	0
06	128.79	26.23	0	2 782.35	566.66	0
07	45.33	9.23	0	1 677.61	341.67	0
08	72.23	14.71	0	1 203.25	245.06	0
09	107.42	21.88	0	731.96	149.07	0
10	283.92	57.82	0	994.22	202.49	0
11	408.79	83.26	0	1 403.12	285.76	0
12	2 128.56	433.51	0	4 127.75	840.67	0
13	358.42	73.00	0	1 518.28	309.22	0
14	8 425.23	1 715.92	0	4 067.69	828.44	0
15	1 639.94	334.00	0	1 178.81	240.08	0
16	5 627.65	1 146.15	0	2 628.96	535.43	0
17	605.11	123.24	0	2 195.66	447.18	0
18	3 175.45	646.72	0	1 807.94	368.21	0
19	2 713.88	552.72	0	2 742.39	558.53	0
20	181.60	36.99	0	324.88	66.17	0
21	225.52	45.93	0	411.68	83.85	0
22	604.80	123.18	0	290.68	59.20	0
23	695.85	141.72	0	2 096.29	426.94	0
24	23.58	4.80	0	73.79	15.03	0
25	16.90	3.44	0	78.48	15.98	0

续表

行业部门序号	技术改造节能量（煤炭）/万吨	技术改造节能量（石油）/万吨	技术改造节能量（天然气）/万吨	管理节能量（煤炭）/万吨	管理节能量（石油）/万吨	管理节能量（天然气）/万吨
26	9.35	1.90	0	4 175.93	850.49	0
27	893.30	181.93	0	2 110.55	429.84	0
28	36.70	7.48	0	48.65	9.91	0
29	140.63	28.64	0	667.81	136.01	0
30	952.56	194.00	0	1 919.63	390.96	0
31	222.31	45.28	0	986.39	200.89	0
32	390.51	79.53	0	1 297.02	264.16	0
33	94.13	19.17	0	983.67	200.34	0
34	457.96	93.27	0	784.60	159.80	0
35	100.61	20.49	0	91.81	18.70	0
36	139.34	28.38	0	292.75	59.62	0
37	10.38	2.11	0	143.69	29.27	0
38	36.68	7.47	0	582.85	118.71	0
39	25.90	5.28	0	869.91	177.17	0
40	66.70	13.58	0	740.53	150.82	0
41	43.27	8.81	0	235.75	48.01	0
42	4.29	0.87	0	1 053.11	214.48	0

3.2 污染物产生和污染治理部门中间投入数据的确定

由于数据的可得性，并且考虑到工业排放是三废的主要来源，而治理量又只占排放量的一部分，这样除工业部门外其他行业部门的治理量就更小了，所以在此本章假设除了工业部门以外，其他行业部门的污染治理量为零。

3.2.1 三种污染治理量

首先，根据《中国统计年鉴（2008年）》计算2007年工业三废治理量，可得废水排放达标量为226.07亿吨，废气治理量为3.48亿吨，固体废物治理量为13.5亿吨。具体而言，废气治理总量包括粉尘去除量、烟尘去除量和二氧化硫去除量，固体废弃物治理总量则包括固体废物处置量及综合利用量。

然后，计算来自工业各行业中间投入的直接消耗系数，计算方法与资源恢复部分相同。根据《当前国家鼓励发展的环保产业设备（产品）目录（2010年版）》记载的产品及划分方法，污染治理设备绝大多数属于环境保护机械制造业和环境保护仪器仪表制造业，而这两类制造业又分别属于其他专用设备制造业和仪器仪表制造业。因此，运用加权法我们可以得到这两类治理设备制造部门的直接消耗系数，分别为 95.27% 和 4.73%。另外，本章假设除工业行业部门以外的其他行业部门，污染产生量为零。基于此，我们可以计算得出三大污染治理部门的中间投入数据如表 3-7 所示。

表 3-7　污染治理部门的中间投入数据

行业部门序号	其他专用设备制造业直接消耗系数	仪器仪表制造业直接消耗系数	加权直接消耗系数	废气/万吨	固体废物/万吨	废水/万吨
01	0.000 050	0.000 041	0.000 050	1.73	6.71	112.38
02	0.001 137	0.002 332	0.001 193	41.50	161.10	2 697.55
03	0.000 592	0.000 126	0.000 570	19.82	76.95	1 288.58
04	0.000 834	0.001 399	0.000 861	29.94	116.23	1 946.29
05	0.000 929	0.000 120	0.000 890	30.96	120.20	2 012.79
06	0.002 939	0.002 998	0.002 942	102.32	397.20	6 651.10
07	0.003 641	0.001 713	0.003 550	123.45	479.23	8 024.58
08	0.002 542	0.003 310	0.002 578	89.66	348.07	5 828.40
09	0.004 036	0.003 161	0.003 995	138.94	539.35	9 031.33
10	0.007 548	0.011 440	0.007 732	268.91	1 043.91	17 480.07
11	0.008 818	0.004 125	0.008 596	298.97	1 160.59	19 434.02
12	0.054 979	0.075 617	0.055 956	1 946.06	7 554.54	126 499.89
13	0.011 116	0.022 394	0.011 650	405.15	1 572.80	26 336.31
14	0.176 597	0.052 374	0.170 721	5 937.45	23 049.03	385 953.14
15	0.051 561	0.038 577	0.050 947	1 771.86	6 878.31	115 176.44
16	0.173 026	0.029 871	0.166 255	5 782.11	22 446.01	375 855.64
17	0.009 240	0.007 908	0.009 177	319.15	1 238.93	20 745.65
18	0.052 350	0.040 118	0.051 772	1 800.55	6 989.69	117 041.53
19	0.054 034	0.201 128	0.060 992	2 121.20	8 234.44	137 884.69
20	0.005 827	0.132 407	0.011 814	410.87	1 594.98	26 707.81
21	0.012 030	0.007 042	0.011 794	410.17	1 592.26	26 662.23
22	0.003 240	0.000 128	0.003 092	107.55	417.50	6 991.03
23	0.026 393	0.008 672	0.025 555	888.77	3 450.20	57 773.15
24	0.000 751	0.000 851	0.000 756	26.28	102.04	1 708.61
25	0.001 032	0.001 291	0.001 044	36.32	141.00	2 361.01

续表

行业部门序号	其他专用设备制造业直接消耗系数	仪器仪表制造业直接消耗系数	加权直接消耗系数	废气/万吨	固体废物/万吨	废水/万吨
26	0.000 310	0.000 278	0.000 308	10.72	41.61	696.81
27	0.025 770	0.019 758	0.025 486	886.36	3 440.83	57 616.22
28	0.000 351	0.001 399	0.000 401	13.95	54.14	906.56
29	0.003 178	0.004 301	0.003 231	112.37	436.20	7 304.12
30	0.021 787	0.020 487	0.021 725	755.58	2 933.14	49 115.00
31	0.006 894	0.010 127	0.007 047	245.10	951.46	15 932.03
32	0.008 621	0.007 845	0.008 584	298.55	1 158.96	19 406.61
33	0.003 646	0.004 596	0.003 691	128.35	498.27	8 343.39
34	0.009 335	0.012 891	0.009 503	330.51	1 283.03	21 484.10
35	0.005 798	0.005 743	0.005 795	201.55	782.41	13 101.43
36	0.006 992	0.004 387	0.006 869	238.89	927.36	15 528.50
37	0.000 154	0.000 100	0.000 151	5.26	20.42	341.90
38	0.001 785	0.001 146	0.001 754	61.02	236.86	3 966.22
39	0.000 763	0.000 576	0.000 754	26.23	101.84	1 705.35
40	0.004 839	0.002 920	0.004 748	165.12	641.01	10 733.55
41	0.001 658	0.001 304	0.001 642	57.09	221.63	3 711.16
42	0.000 123	0.000 134	0.000 124	4.30	16.68	279.27

3.2.2 污染物产生横向数据的计算

如前所述，本章假设除了工业部门以外，其他行业部门的污染治理量为零。因此，各工业部门的污染物生产量如表 3-8 所示。

表 3-8 各工业部门的污染物产生量

行业部门序号	废水（万吨）	废气（万吨）	固体废物（万吨）
02	73 040	253	20 018.5
03	9 988	17.8	190.7
04	59 405	126	54 200
05	10 002	65	2 149
06	257 442	314	3 096
07	225 169	154	660.5
08	38 068	15	114
09	6 674	38	182

续表

行业部门序号	废水（万吨）	废气（万吨）	固体废物（万吨）
10	427 491	407	1 850
11	73 126	615.5	2 460
12	426 458	1 279	14 157
13	40 265	5 710.5	4 189
14	188 669	5 142	38 287
15	33 335	88.0	404
16	21 621	45	351
17	22 048	64.7	392
18	8 660	8.3	58
19	29 621	13.7	124
20	7 195	0.8	33
21	3 767	2.7	16
22	961	0.7	22
23	174 796	23 591.6	42 572.7
24	2 837	36.2	159.9
25	15 932	0.2	8.3

3.2.3 三种能源和三类污染物平均价格的估算

对原有投入产出表相应数据进行折减时要在实物和价值型的数据之间进行转换，这就需要我们估算出三种能源和三种污染物治理价格。由《2007年中国石油天然气行业年度报告》可得，2007年原油与天然气的价格比为1∶0.24。根据统计数据可计算出其平均价格如表3-9所示。

表3-9 能源和污染物治理价格表

能源	生产量	价格	污染物	治理量	治理价格
原煤	25.25亿吨	382.05元/吨	废水	226.07亿吨	0.68元/吨
原油	1.86亿吨	4 728.82元/吨	废气	3.48亿吨	79.15元/吨
天然气	690.4亿标立方米	1.06元/标立方米	固体废物	13.50亿吨	1.35元/吨

估算出三种能源和三类污染物价格后，我们就可以将整个折算过程中的那些实物型数据转换成价值型数据了。

3.2.4 节能数据的折减

我们要结合前文得出的价格情况，对原有行业部门从技术设备生产和管理行业综合治理节能两个方面进行折减，而从技术折本生产部门中折减又分为节能和污染治理两个环节。

由于部门折减后新表有可能出现负值，因此需要进行数据调整。具体做法是将出现负值的行业假设为0，其余负值分摊到其他节能/产污技术设备所涉及的行业，分摊比例按中间投入数据比例（排除出现负值的行业）。例如，2007年出现负值的为行业19，因此分摊到节能设备的其余四个行业中。

3.3 编制完整的绿色投入产出表

3.3.1 资源恢复数据的折减

在传统投入产出部门最初投入数据的重新计算过程中，假设资源恢复部门和污染治理部门为虚拟部门，不真正创造价值，其增加值为其他传统行业部门分离所得，并且不考虑各行业部门的资源使用成本和污染环境成本。污染治理部门的中间投入全来自机械、电子、电气设备制造业，所以相应的增加值从该部门减去。资源恢复部门的增加值则按照传统行业部门的产出值占全社会总产出值的比例来分摊。

在自然资产（实物资产和环境资产）占用数据的确定过程中，假设资产损耗是由传统行业部门的经济活动造成的，这是因为资源恢复和环境治理活动是通过经济活动引发的。具体而言，实物资产等于能源的使用量除去能源的恢复量；环境资产等于污染物排放量除去污染物治理量。

在前文计算结果基础上，利用Matlab软件编制出完整的绿色投入产出核算体系，包括实物-价值混合型和纯价值型。需要注意的是，为了保持原行业部门各自总投入不变，我们对价值型投入产出表中各行业部门的增加值合计这一行数据进行了相应调整。具体调整的方法就是用各行业部门的原总投入减去现在的中间投入，从而得到增加值合计这一项数据；然后依据最初投入部分数据的自身平衡准则，将增加值合计部分的变化暂且全部分配到营业盈余项，最初投入的其余项不变。这是因为各部门考虑能源使用成本和环境污染成本后，营业盈余肯定会发生变化，而其余几项如固定资产折旧、劳动者报酬等不会有太大改变，而且暂时无合理的方法来计算它们的变化值。

3.3.2 可比价绿色投入产出核算

投入产出核算的分析按照所反映的时间因素的不同，可分为静态分析和动态分析。静态分析是反映一个时点上经济系统各部分间的投入产出关系；动态分析则是反映一段时期内（如 5 年、10 年等）经济系统投入产出关系的变化发展过程。前者的变量不涉及时间因素，而后者的变量则随时间而变化。前文编制出的三期绿色投入产出表系都是基于当年价格的名义表系，即以编制期当年的价格为基准的。但在不同年份之间进行对比时，按当年价格计算的、以货币表现的指标因为包含各年间价格变动的因素就不能确切地反映实物量的增减变动。因此，在动态分析过程中，我们需要通过价格平减，使用可比价格计算以消除价格波动带来的影响，这样才能保证前后时期之间、地区之间、计划与实际之间指标的可比性。

基于前文编制出的三期绿色投入产出表系，采用价格指数缩减法核算出可比价表系，这其中的关键问题就是确定价格指数。在本章中，价格指数通过确定价格基年和获取价格指数两个步骤完成。

在核算可比价表系时，本节采用固定基年价格为不变价的方法，即将货物和服务价格固定在 2002 年上，然后按照基年价格水平来衡量其他年份的价值，以消除价格波动带来的影响。另外，由于选择的价格基年不同，计算的可比价表系也不同，而选取 2002 年作为基年是因为其作为第一期数据，其他两期离第一期越近，价格吻合程度越高，计算的各种指数也就越真实，因此本章选择 2002 年为基年，从而为后文的动态分析准备数据基础。

在核算可比价表系时，理想的价格指数缩减法是根据不同的指标选取不同的价格指数进行缩减。但由于数据的可得性，本章采用较为简单的处理方法，即各行业部门采用同一价格指数进行缩减。根据国家统计局价格统计资料，农业部门采用农产品生产价格指数进行缩减；工业部门采用工业品出厂价格指数进行缩减；建筑部门采用建筑安装工程价格指数进行缩减；运输仓储部门采用交通价格指数进行缩减；邮政部门采用通信服务价格指数进行缩减；批发零售部门采用在外用膳食品价格指数进行缩减；金融保险利用金融业价格缩减指数，即居民消费价格指数和固定资产投资价格指数的加权平均价格指数进行缩减；房地产采用房地产价格指数进行缩减；其他服务部门采用服务项目价格指数中对应的细项价格指数进行缩减。

利用上述价格指数对 2005 年和 2007 年现价绿色投入产出表系进行可比价核算。具体做法是将绿色投入产出表系沿行方向除以相应的价格指数，计算公式如下，最终得到三期可比价绿色投入产出表系。

$$可比价数据 = 现价数据 \div 价格指数$$

随着经济增长贡献率的不断提高，资源相对不足、生态环境日益脆弱、生态承载力下降等环境问题日渐凸显。经济发展与环境有着必然的联系，而传统的国民经济核算是以市场原则设计的，只考虑了经济系统，均认为资源环境是"取之不竭"的"无价"资源。可持续发展下的绿色投入产出核算不仅考虑了资源环境与经济活动的密切联系，而且考虑了存量及其与流量间的相互关系。绿色投入产出核算无论是概念体系涵盖范围还是计算方法都符合可持续发展的思想，能实现传统投入产出表所无法实现的能源、环境、经济一体化分析。

第4章 绿色核算下的行业关联双因素效率分析

"绿色经济"作为一种颠覆性的发展趋势,已成为未来全球经济竞争的制高点之一。能源环境效率问题已经引起了世界各国的广泛关注,能源恢复、环境保护和经济发展之间的平衡已成为制约可持续发展的关键因素。我国当前的发展正面临国际减排和国内发展的双重压力,能源环境结构调整以及经济增长方式必将发生转变。不同行业之间,无论是从能源需求结构、配置格局、生产技术、工艺流程、行业规模属性等角度,还是从行业产品结构、对能源的依赖度等角度来看,它们都存在较大的异质性,这就决定了不同的行业节能减排的路径和政策制定存在较大的异质性。这一方面加大了节能减排的工作复杂性,同时也显现出分行业研究能源-经济-环境绩效变动及其路径的实践价值。

基于此前核算出的绿色投入产出表系,我们首先从行业间关联度入手,然后从双因素效率层面,结合静态和动态角度,对双因素能源-经济-环境效率进行评估,并且通过各种消耗关系和消耗系数之间的变动分析资源环境与产业结构调整的关系。

4.1 绿色核算下的行业关联的感应度系数分析

感应度系数又称灵敏度系数,也称向前连锁系数,反映了国民经济各行业增加一个单位最终使用时,某一行业由此而受到的需求感应程度,即需要该行业为其他行业的生产所提供的产出量。感应度系数 E_i 计算公式为

$$E_i = \frac{\sum_{j=1}^{n} \overline{b_{ij}}}{\frac{1}{n}\sum_{i=1}^{n}\sum_{j=1}^{n} \overline{b_{ij}}} \quad (i = 1, 2, \cdots n) \tag{4-1}$$

其中,分子为列昂惕夫逆矩阵的第 i 行之和,反映当国民经济各行业均增

加一个单位最终使用时对 i 行业的产品的完全需求；分母为列昂惕夫逆矩阵的行和的平均值，反映当国民经济各行业均增加一个单位最终使用时，对全体经济行业产品的完全需求的均值。该系数越大则表明该行业要提供越大的产出来满足最终需求的增长，即该行业对一定经济结构的国民经济增长的制约程度越大。感应系数大于1，即该行业受到的感应程度高于全社会的平均感应度水平，也就是说这些行业就是通常所称的"瓶颈"行业。

根据按照绿色投入产出表编制方法编制的可比价绿色投入产出表系，我们可以计算出2002、2005、2007这三个年份中国48个行业的感应度系数，如表4-1所示。其中有六个虚拟行业，分别属于能源恢复部门和三废治理部门。这六个行业代表环保业，这些行业的感应度系数表明了环保活动对经济增长的制约程度。感应度系数越大，表明该行业对一定经济结构的国民经济增长的制约程度越大，因此该表按照各行业的三期平均感应度系数升序排列。

表4-1 中国48个行业感应度系数

感应度系数（E_i）	平均值	2002年	2005年	2007年
固体废物治理部门	0.229	0.278	0.198	0.211
废水治理部门	0.237	0.285	0.208	0.217
废气水治理部门	0.245	0.287	0.221	0.229
邮政业	0.265	0.315	0.228	0.252
燃气生产和供应业	0.273	0.316	0.235	0.267
研究与试验发展业	0.292	0.313	0.271	0.292
水的生产和供应业	0.295	0.355	0.265	0.266
公共管理和社会组织	0.307	0.367	0.272	0.280
天然气恢复部门	0.310	0.334	0.264	0.332
水利、环境和公共设施管理业	0.310	0.405	0.258	0.268
教育	0.339	0.394	0.308	0.315
卫生、社会保障和社会福利业	0.355	0.359	0.379	0.328
文化、体育和娱乐业	0.378	0.393	0.359	0.381
综合技术服务业	0.378	0.308	0.414	0.412
工艺品及其他制造业	0.394	0.434	0.373	0.375
非金属矿及其他矿采选业	0.400	0.445	0.365	0.390
房地产业	0.442	0.553	0.369	0.404
废品废料	0.468	0.430	0.418	0.557
居民服务和其他服务业	0.518	0.578	0.498	0.478
纺织服装鞋帽皮革羽绒及其制品业	0.536	0.530	0.494	0.583

续表

感应度系数（E_i）	平均值	2002 年	2005 年	2007 年
仪器仪表及文化办公用机械制造业	0.547	0.498	0.545	0.599
木材加工及家具制造业	0.590	0.630	0.531	0.609
建筑业	0.608	0.750	0.562	0.513
金属矿采选业	0.615	0.636	0.561	0.647
信息传输、计算机服务和软件业	0.695	0.816	0.726	0.542
住宿和餐饮业	0.722	0.773	0.717	0.676
租赁和商务服务业	0.783	0.800	0.848	0.701
煤炭开采和洗选业	0.841	0.913	0.875	0.735
非金属矿物制品业	0.859	0.744	0.908	0.926
石油和天然气开采业	0.905	1.102	0.732	0.881
纺织业	0.989	1.047	0.893	1.028
食品制造及烟草加工业	1.024	0.935	0.953	1.182
金属制品业	1.030	0.989	1.032	1.069
金融业	1.045	1.148	0.905	1.080
造纸印刷及文教体育用品制造业	1.099	1.203	1.046	1.048
石油加工、炼焦及核燃料加工业	1.148	1.212	1.171	1.062
电气机械及器材制造业	1.340	1.150	1.519	1.353
交通运输设备制造业	1.350	1.183	1.478	1.390
批发和零售业	1.430	1.844	1.310	1.136
农林牧渔业	1.585	1.814	1.572	1.369
交通运输及仓储业	1.797	1.857	1.902	1.633
通用、专用设备制造业	2.001	1.679	2.064	2.259
电力、热力的生产和供应业	2.096	1.485	2.220	2.583
通信设备、计算机及其他电子设备制造业	2.655	1.978	3.196	2.791
金属冶炼及压延加工业	3.041	2.828	3.214	3.081
煤炭资源恢复部门	3.152	3.317	3.408	2.733
石油恢复部门	3.539	3.568	3.136	3.912
化学工业	3.542	3.422	3.579	3.626

据表 4-1 可知，整体来看，这三年中感应度系数小于 1 的行业有 31 个，占行业总数的 64.58%，说明这些行业多年来受到的感应程度低于全社会的平均感应度水平，对经济的制约程度偏低。相比之下，多年来始终处于"瓶颈"产业的行业为 17 个，其中 44% 的第二产业行业都是制约国民经济的"瓶颈"，

18.75%的第三产业行业同为"瓶颈",而第一产业的农林牧渔业也在17个行业之中。由此可见,制约国民经济的主要产业仍是第二产业。这说明第二产业行业对经济增长的制约程度远远大于其他产业行业。

具体到各个行业,多年来多个行业平均感应度系数远远大于1,如化学工业平均值为3.542,金属冶炼及压延加工业平均值为3.041。这说明这些行业在经济发展中面临着牵一发而动全身的、极为严峻的形势。而从环保活动制约力的角度来讲,煤、石油恢复部门的感应度同样远大于其他各行业(分别为3.152,3.539),这说明这两种能源作为当前我国能源消费的主要组成部分,其对经济的制约力远高于其他各个行业,同时也证明了基于能源的环保活动对经济发展至关重要。而从三废角度来讲,其对经济的制约度远低于其他各个行业,说明其对经济的约束力相对较小。

各行业感应度系数排名多年来比较稳定,排名前十位和后十位的行业几乎没有改变,这也证明了感应度系数在一定时期内具有稳定性,尤其是代表环保活动对国民经济制约度的六个虚拟部门。然而天然气恢复部门的制约度稍有增加,这是由于我国天然气产量持续增长,年均增长率达到12%,2000年以来,我国天然气平均消费增速也高达16%,因此其对经济的制约度有较大增加,排名也在2007年有所提升,离开后十位的行列。

从各个行业制约度差异来看,随着时间的推移,各个行业间制约度的差异逐渐显露出来,"瓶颈"行业的制约能力逐渐增强。化学工业的制约度由2002年的3.422增长到2007年的3.626,这是由于化学工业在国民经济中的比重由起初的6.88%不断增长,最终达到7.57%。而石油恢复部门由起初的3.568增长到最终的3.912,这是由于整个调查期处于战略转移阶段,无论是探明储量还是石油需求都有较大增长。石油对国民经济的制约不仅体现在对消费者物价指数(CPI)有一定的同向作用,油价上升还将提高粮食生产成本并增加物价控制难度。综上所述,这些行业在经济中发挥着越来越重要的作用。而制约度排名较低的行业其制约能力却逐渐减弱,如邮政业由起初的0.315降低到后来的0.252,这是由于随着网络时代的到来,传统的邮政业务急剧萎缩,业务结构受到冲击,面临强大对手的多元化竞争,邮政业步履维艰,因此其对经济的制约度也逐渐减弱。

从表4-1我们可以看出,2002年至2007年各行业的感应度系数存在不同程度的改变,这说明各行业对该行业经济发展的制约程度还是有不同幅度的改变的,具体如表4-2所示。

表 4-2　2002—2007 年各行业感应度系数改变情况

行业	幅度	行业	幅度
批发和零售业	21.11%	非金属矿及其他矿采选业	5.60%
信息传输、计算机服务和软件业	18.20%	卫生、社会保障和社会福利业	3.99%
建筑业	16.93%	研究与试验发展业	2.82%
水利、环境和公共设施管理业	16.18%	文化、体育和娱乐业	1.33%
农林牧渔业	13.13%	金融业	0.92%
水的生产和供应业	12.55%	木材加工及家具制造业	0.50%
房地产业	11.93%	纺织业	-0.18%
公共管理和社会组织	11.45%	金属矿采选业	-1.75%
废水治理部门	11.35%	天然气恢复部门	-2.46%
固体废物治理部门	11.24%	化学工业	-2.94%
煤炭开采和洗选业	10.06%	金属制品业	-3.95%
废气水治理部门	9.77%	金属冶炼及压延加工业	-4.76%
教育	9.73%	纺织服装鞋帽皮革羽绒及其制品业	-5.57%
居民服务和其他服务业	8.89%	石油恢复部门	-6.33%
邮政业	8.54%	交通运输设备制造业	-9.49%
煤炭资源恢复部门	8.53%	仪器仪表及文化办公用机械制造业	-9.71%
工艺品及其他制造业	6.73%	电气机械及器材制造业	-10.57%
石油和天然气开采业	6.58%	非金属矿物制品业	-11.96%
住宿和餐饮业	6.44%	食品制造及烟草加工业	-12.97%
造纸印刷及文教体育用品制造业	6.43%	废品废料	-15.19%
石油加工、炼焦及核燃料加工业	6.36%	通用、专用设备制造业	-16.18%
燃气生产和供应业	5.98%	综合技术服务业	-17.02%
交通运输及仓储业	5.84%	通信设备、计算机及其他电子设备制造业	-24.46%
租赁和商务服务业	5.68%	电力、热力的生产和供应业	-32.92%

注：48 行业感应度系数平均改变幅度为 1.59%

从上表我们可知，整体来看 2002 年至 2007 年平均感应度系数的改变幅度为 1.59%，从五年来 48 行业的平均水平来看，感应度系数变小，即各行业对国民经济发展的制约水平有所下降。其中有 21 个行业的改变幅度小于平均改变幅度，说明这些行业对国民经济的制约能力大于平均水平；而 27 个行业的改变幅度大于平均改变幅度，表明大部分行业对国民经济的制约能力逐渐变小，表明国民经济越来越向多元化发展。

48个行业之中，62.5%的行业感应度系数改变幅度大于零，这说明超过半数行业受到的感应程度有所减小，这与前面提到的大部分行业对国民经济的制约能力变小相吻合。具体到三个产业，第一产业和第三产业所有行业（除综合技术服务业）都隶属于该类，说明这两个产业对国民经济的制约能力变小。而有18个感应度系数改变幅度小于零的行业除天然气恢复部门及石油恢复部门两个虚拟行业和综合技术服务业之外，都属于第二产业，也就是说60%的第二产业行业对国民经济发展的制约能力增大，这是国民经济发展的瓶颈所在。而天然气恢复部门与石油恢复部门这两个虚拟行业的制约度增大的现象也印证了我国"富煤、少气、缺油"的资源条件。综合技术服务业作为国民经济发展的"瓶颈"行业说明技术水平的进步对整个经济发展是至关重要的，是当前经济发展的"瓶颈"所在。

具体到各个行业，多年来电力、热力的生产和供应业（-32.92%）作为五大能源产业行业之一，其感应度系数都有所增大且增大程度位于各行业首位，这说明电力对经济的制约程度有愈演愈烈的趋势。而作为高技术含量、高创新能力的通信设备、计算机及其他电子设备制造业（-24.46%），其制约程度的增大程度仅次于前者，从而说明技术水平和创新能力是当前经济发展的瓶颈所在。相比之下，批发零售业（21.11%）虽然制约程度相对较大（居于第十位），但近年来感应度系数减少程度位于各行业之首，这与近年来我国批发零售业行业工业产值高速稳定增长（整个调查期增速为1.85），大大高于同期国内生产总值（GDP）增速（整个调查期增速为1.66）的现象相匹配，并且说明该行业作为社会化大生产过程的重要环节有良好的发展空间。

4.2 绿色核算下的行业关联的影响力系数分析

影响力系数也称向后连锁系数，是反映国民经济某一行业增加一个单位最终产品时，对国民经济各行业所产生的生产需求波及程度。影响力系数 F_j 的计算公式为

$$F_j = \frac{\sum_{i=1}^{n} \overline{b}_{ij}}{\frac{1}{n}\sum_{i=1}^{n}\sum_{j=1}^{n} \overline{b}_{ij}} \quad (i = 1, 2, \cdots, n) \quad (4\text{-}2)$$

其中，分子为列昂惕夫逆矩阵的第 j 列之和，表示 j 行业增加一个单位最

终产品对国民经济各行业产品的完全需要量；分母为列昂惕夫逆矩阵的列和的平均值。该系数在一定程度上反映了该行业需求增长对整个生产水平的依赖程度。某行业的影响力系数越大则表明该行业对其他行业的拉动作用越大。影响力系数大于1，即表示第 j 行业的生产对其他行业所产生的波及影响程度超过社会平均影响水平。

根据可比价绿色投入产出表系，我们可以计算出2002、2005、2007这三个年份中国48个行业的影响力系数，如表4-3所示。其中有六个虚拟行业，分别属于能源恢复部门和三废治理部门。这六个行业代表环保业，这些行业的影响力系数表明了环保活动对经济增长的依赖程度。该系数越大则表明该行业对一定经济结构的国民经济增长依赖程度越大，因此该表按照各行业的三期平均影响力系数升序排列。

表4-3 中国48个行业影响力系数

影响力系数（F_j）	平均值	2002年	2005年	2007年
天然气恢复部门	0.224	0.273	0.192	0.208
废品废料	0.265	0.273	0.192	0.330
废气水治理部门	0.415	0.467	0.405	0.374
固体废物治理部门	0.415	0.467	0.405	0.374
房地产业	0.420	0.509	0.381	0.369
废水治理部门	0.428	0.505	0.405	0.374
金融业	0.488	0.560	0.487	0.417
批发和零售业	0.545	0.689	0.447	0.500
农林牧渔业	0.586	0.636	0.541	0.579
文化、体育和娱乐业	0.598	0.750	0.551	0.494
教育	0.612	0.673	0.588	0.574
公共管理和社会组织	0.615	0.694	0.565	0.587
信息传输、计算机服务和软件业	0.630	0.707	0.684	0.498
住宿和餐饮业	0.681	0.760	0.644	0.638
邮政业	0.703	0.850	0.657	0.603
水利、环境和公共设施管理业	0.707	0.657	0.822	0.641
食品制造及烟草加工业	0.723	0.804	0.669	0.696
居民服务和其他服务业	0.725	0.841	0.658	0.678
综合技术服务业	0.736	0.832	0.767	0.610
研究与试验发展业	0.739	0.655	0.846	0.716

续表

影响力系数（F_j）	平均值	2002年	2005年	2007年
卫生、社会保障和社会福利业	0.806	0.813	0.819	0.785
水的生产和供应业	0.814	0.807	0.847	0.788
造纸印刷及文教体育用品制造业	0.845	0.906	0.825	0.804
纺织服装鞋帽皮革羽绒及其制品业	0.856	0.977	0.776	0.814
租赁和商务服务业	0.863	0.857	0.907	0.825
交通运输及仓储业	0.865	0.948	0.839	0.807
木材加工及家具制造业	0.876	0.977	0.840	0.812
纺织业	0.896	0.985	0.839	0.865
石油恢复部门	0.903	0.847	0.898	0.964
非金属矿及其他矿采选业	0.913	0.856	0.995	0.887
工艺品及其他制造业	0.919	0.989	0.878	0.891
仪器仪表及文化办公用机械制造业	0.924	1.047	0.864	0.861
煤炭资源恢复部门	0.932	0.901	0.944	0.950
通信设备、计算机及其他电子设备制造业	0.953	1.106	0.936	0.817
通用、专用设备制造业	0.967	1.017	1.013	0.870
建筑业	0.991	1.049	0.929	0.993
非金属矿物制品业	1.021	1.086	0.998	0.978
金属制品业	1.024	1.108	0.993	0.971
电气机械及器材制造业	1.039	1.067	1.092	0.958
交通运输设备制造业	1.058	1.046	1.282	0.846
化学工业	1.140	1.148	1.100	1.171
金属冶炼及压延加工业	1.245	1.161	1.257	1.318
金属矿采选业	1.286	0.975	1.394	1.489
电力、热力的生产和供应业	1.322	1.290	1.434	1.240
燃气生产和供应业	1.960	2.000	1.779	2.100
石油加工、炼焦及核燃料加工业	2.772	2.467	2.592	3.258
石油和天然气开采业	4.268	3.174	4.450	5.180
煤炭开采和洗选业	4.289	3.796	4.570	4.499

依据表4-3可知，整体来看，多年来影响力系数小于1的行业有36个，占行业总数的四分之三，说明大部分行业多年来对其他行业所产生的波及影响程度低于全社会的平均影响水平。相比之下，多年来始终处于影响力系数大于1的行业有12个，说明经济拉动力大的行业影响力显著。这些行业都属于第二产业，并且占第二产业的48%，说明几乎过半的第二产业行业对其他行业的拉

动作用显著，这也说明第二产业行业对经济增长的拉动力远远大于第一产业和第三产业行业，因此第二产业仍是目前国民经济发展的主要拉动力量。

具体到各个行业，五个能源产业行业的经济拉动力最为显著，其影响力系数居于各个行业之首，这说明能源对于经济发展是至关重要的，其对各个行业的影响力不容忽视。尤其是一次能源的开采，即煤炭开采和洗选业、石油和天然气开采业，其影响力系数远高于其他行业。这表明能源产业是第二产业中对国民经济发展存在较大拉动力的重中之重的行业。而从环保活动影响力的角度来讲，只有煤炭恢复部门和石油恢复部门两个虚拟行业对其他行业的影响力排名较前，分别为十六位和二十位，其他四个环保虚拟部门对其他行业的影响力都处于倒数前六位之中。这说明环保业对经济的拉动力还有待提升。

各行业影响力系数排名多年来相对比较稳定，排名前十位和后十位的行业改变较少，这也证明了影响力系数在一定时期内具有稳定性，尤其是前文提到的影响力极小的四个环保虚拟部门，它们始终处于影响力后十位。而对于排名靠前的煤炭恢复部门和石油恢复部门来说，无论是影响力的绝对值还是影响力的相对排名整个调查期都持续增长，这说明煤炭和石油对整个经济的拉动力在不断增长，也符合当前我国能源消费以煤炭和石油为主的客观事实。然而天然气恢复部门的影响力系数始终最低，并且2007年的影响力系数（0.208）相对于2002年的影响力系数（0.273）有明显降低。这说明天然气虽是我国能源结构发展的重点，但目前其对经济的拉动力仍无法完全替代煤炭和石油的拉动力。同样，三废治理虚拟部门的影响力系数也有明显减小，说明其对经济的拉动力也逐年减弱。

与各个行业感应度系数差异相比（平均差值为3.31），各个行业影响力系数差异相对较大（平均差值为4.06），也就是说各个行业对国民经济的依赖程度差异比制约程度大。从各个行业影响力差异来看，与行业感应度系数差异趋势相同，随着时间延长，各个行业间影响力的差异逐渐显露出来。具体而言，五大能源产业行业除电力、热水的生产和供应业外，其他四个行业的影响力在整个调查期都有不同程度提升，这说明能源对整个经济的拉动力日益增强，也说明各个行业对能源产业的依赖程度有所增强。

从表4-3可以看出，2002年至2007年各行业的影响力系数存在不同程度的改变，这说明各行业对该行业经济发展的依赖程度还是有不同幅度的改变的，具体如表4-4所示。

表 4-4　2002—2007 年各行业影响力系数改变情况

行业	幅度	行业	幅度
天然气恢复部门	11.24%	水利、环境和公共设施管理业	5.60%
电气机械及器材制造业	21.11%	公共管理和社会组织	3.99%
租赁和商务服务业	18.20%	废水治理部门	2.82%
造纸印刷及文教体育用品制造业	16.93%	信息传输、计算机服务和软件业	1.33%
文化、体育和娱乐业	16.18%	通信设备、计算机及其他电子设备制造业	0.92%
交通运输设备制造业	13.13%	水的生产和供应业	0.50%
金融业	12.55%	工艺品及其他制造业	-0.18%
食品制造及烟草加工业	11.93%	纺织服装鞋帽皮革羽绒及其制品业	-1.75%
批发和零售业	11.45%	农林牧渔业	-2.46%
废品废料	11.35%	煤炭开采和洗选业	-2.94%
纺织业	10.06%	煤炭资源恢复部门	-3.95%
废气水治理部门	9.77%	燃气生产和供应业	-4.76%
教育	9.73%	研究与试验发展业	-5.57%
综合技术服务业	8.89%	石油和天然气开采业	-6.33%
固体废物治理部门	8.54%	金属制品业	-9.49%
石油加工、炼焦及核燃料加工业	8.53%	卫生、社会保障和社会福利业	-9.71%
邮政业	6.73%	非金属矿物制品业	-10.57%
非金属矿及其他矿采选业	6.58%	石油恢复部门	-11.96%
交通运输及仓储业	6.44%	仪器仪表及文化办公用机械制造业	-12.97%
通用、专用设备制造业	6.43%	居民服务和其他服务业	-15.19%
建筑业	6.36%	金属冶炼及压延加工业	-16.18%

注：42 行业影响力系数平均改变幅度为 3.34%

从上表我们可知，整体来看，2002 年至 2007 年平均影响力系数改变幅度为 3.34%，说明多年来从 42 行业平均来看，影响力系数有所减小，即单个行业对国民经济发展的影响程度有所降低。其中，有 19 个行业的改变幅度小于平均改变幅度，这说明这些行业对国民经济的影响能力大于平均水平；而 23 个行业的改变幅度大于平均改变幅度，这说明大部分行业对国民经济的拉动能力还是小于平均水平的。

42个行业之中,54.8%的行业影响力系数改变幅度大于零,说明这些行业受到其他行业的拉动能力有所减小。而有15个行业感应度系数改变幅度小于零,说明这些行业对国民经济发展的拉动能力增大。具体到三个产业,经济拉动力增大的行业由44%的第二产业行业和25%的第三产业行业组成,同时包括第一产业。这揭示出第二产业作为国民经济发展的主要拉动力,近几年来,其作用日益增大。

具体到各个行业,多年来金属矿采选业(-32.92%)与电力、热力的生产和供应业(-24.46%)的影响力系数的增大程度位于各行业之首,这说明这些行业的拉动力日益增强。金属矿采选业是国民经济的基础产业,虽然占GDP的比例不到1%,但很多工业部门的原材料都依赖该行业,因此其对国民经济的拉动力日益增强。而电力、热力的生产和供应业是基础的能源行业,就目前的技术来看,还没有能替代电力的新能源。因此该行业是经济发展的主要动力来源。相比之下,以金融业(12.55%)为代表的第三产业虽然是未来产业结构调整发展的方向,但其对其他行业的拉动力却有着显著的降低。而金融业影响力系数减小标志着该行业对其他行业的辐射、拉动作用比较小,同时也表明金融业对我国经济发展的贡献是有限的。

4.3 行业关联关系下的产业结构调整分析

总体来看,我国产业结构存在诸多问题,如产业结构偏差、产业升级缓慢、新型产业效益低下等,拉动内需的主要力量仍然是第二产业。不仅如此,感应度、影响力高的行业也都集中于第二产业,这些行业是整个国民经济的支柱产业,在节能减排的大前提下仍应予重点扶持。

若作为第一产业的农业的感应度系数排在第九位,说明该行业是经济发展的瓶颈所在;反之,若其影响力系数排在倒数第九位,说明其对国民经济发展的拉动能力较小。而从发达国家合理的产业结构比例来看,第一产业占比相对较低且科技含量较高,与之相比,我国要结合关联关系和产业结构调整的战略方位来思考,降低农业在三产中所占的比例,同时大力发展现代农业,逐步走向贸工农一体化的产业化发展道路。同时,加快其向"市场化、设施化、规模化、产业化"发展的步伐。

就第二产业而言,44%的第二产业行业都是制约国民经济的"瓶颈",而且60%的第二产业行业对国民经济发展的制约能力增大。几乎过半的第二产业行业对其他行业的拉动作用显著,第二产业行业对经济增长的拉动力远远大于第一产业和第三产业行业,这说明第二产业仍是目前国民经济发展的支柱。

与此同时，也揭示出第二产业结构升级缓慢的问题，其原因主要在技术、体制和规模三个方面。借鉴国际产业结构调整的成功经验，经济发展最终要依靠科技水平的不断提高和改进，取决于高新技术与产业的有效融合。而我国的第二产业结构升级只是低水平的重复，技术进步对国民经济发展的贡献率较低。从体制角度来讲，近年来随着第二产业超速增长，国民经济被其拉动使得总量扩张，虽然从宏观政策上我国自 20 世纪 90 年代以来就一再强调加快产业结构升级，但实际上缺乏有效的市场力量的推动，成效不佳。除此之外，还有规模因素的影响，20 世纪 90 年代以来随着市场经济的发展，第二产业企业规模结构变动过程中小型企业比重明显上升，而企业产出规模结构的小型化态势势必会影响到第二产业结构升级。

而考虑到第三产业，81.25% 的第三产业行业感应度系数小于 1，同时第三产业影响力系数都小于 1，这都说明其对国民经济发展的制约能力和拉动能力都很小，也就是说我国第三产业在产业结构比重较低且效益相对低下。第三产业作为能耗低、排污少的优势产业是今后节能减排发展战略中应重点扶持的新型产业，同时借鉴国外先进经验可知，发展第三产业也是成功产业结构调整的必经之路。虽然近年来第三产业在产业结构调整过程中比例有所增加，但第三产业对国民经济的贡献始终低于第二产业。第三产业发展滞后的主要因素是体制改革步伐滞后于第二产业。因此在第三产业结构调整过程中应缩小第三产业与第二产业尤其是工业的相对差距，借鉴第二产业发展优势，充分引入竞争机制，使多种所有制进入第三产业的多数行业。同时加快第三产业内部体制变革，缩小产业开放程度和改革推进的偏差。另外，通过城乡体制改革可改变城市化滞后于工业化的状况，进一步促进第三产业的发展。

从环保活动对国民经济的制约度和影响力而言，煤、石油恢复部门大于其他各个行业，这两种能源作为当前我国能源消费的主要组成部分证明了能源角度的环保活动对经济发展至关重要，也符合当前我国能源消费以煤炭和石油为主的客观事实。而天然气恢复部门与石油恢复部门这两个虚拟行业的制约度增大的现象也印证了我国"富煤、少气、缺油"的资源条件。尤其是天然气的影响力系数排名最后，这说明天然气虽是我国能源结构发展的重点，但目前其对经济的拉动力仍无法完全替代煤炭和石油的拉动力。而从三废角度来讲，其对经济的制约度和影响力远低于其他各个行业，说明其对经济的约束力和拉动力都相对较小。因此，不同于其他行业，环保业对经济约束和影响较小的事实证明了环保业的特点，因此环保业的发展具有鲜明的制度依赖性，而发达国家的经验也显示环境法规是推动环保业发展的首要因素。

第5章 绿色核算下的节能减排双因素效率分析

随着经济增长贡献率的不断提高,资源相对不足、生态环境日益脆弱、生态承载力下降等环境问题凸显。经济的发展与环境有着必然的联系,而传统的国民经济核算是以市场原则设计的,只考虑了经济系统。可持续发展下的绿色投入产出核算不仅考虑了资源环境与经济活动的密切联系,而且考虑了存量及其与流量间的相互关系。

5.1 完全能源消耗系数

完全能源消耗系数是指每个产品所直接消耗和间接消耗的能源量之和,即绿色投入产出表(实物－价值型)体系里完全消耗系数表中的 U_{ij}^{pk}。在绿色投入产出核算中,对能源的消费,除了与相关行业有直接消费外,还与有关行业有间接消费。完全能源消耗系数是这种直接消费与间接消费的全面体现,这个指数比直接消耗系数更本质、更全面地反映了行业内部、行业之间的经济数量关系。

本绿色核算所涉及的能源都属于不可再生能源,因此其消耗是不可逆转的。从可持续发展的战略角度来考虑,如果某行业能源消耗系数越大,该行业就应该考虑寻找相应的替代品,即有必要进行行业发展转移。参照行业分类与投入产出部门对照表,本节基于2002年、2005年和2007年可比价绿色投入产出表系,将所有行业归并为42个行业,整理核算出三期各行业能源消耗系数。表5-1是2007年、2005年及2002年中国能源消耗系数前10位的行业。为了统一相加,各种能源单位统一为吨标准煤,能耗系数的单位为吨标准煤/万元。

表 5-1　能源消耗系数前十位行业

行业（2002年）	系数	行业（2005年）	系数	行业（2007年）	系数
金属冶炼及压延加工业	3.191	金属冶炼及压延加工业	4.304	金属冶炼及压延加工业	3.471
非金属矿物制品业	3.025	石油加工、炼焦及核燃料加工业	3.235	石油加工、炼焦及核燃料加工业	2.772
燃气生产和供应业	2.949	煤炭开采和洗选业	2.885	金属矿采选业	2.390
石油加工、炼焦及核燃料加工业	2.938	金属矿采选业	2.770	煤炭开采和洗选业	2.311
化学工业	2.316	非金属矿物制品业	2.588	石油和天然气开采业	2.104
电力、热力的生产和供应业	2.234	燃气生产和供应业	2.432	非金属矿物制品业	2.051
金属制品业	1.969	化学工业	2.423	化学工业	1.871
石油和天然气开采业	1.894	金属制品业	2.243	电力、热力的生产和供应业	1.779
水的生产和供应业	1.870	交通运输设备制造业	2.238	金属制品业	1.710
煤炭开采和洗选业	1.849	电气机械及器材制造业	2.217	水的生产和供应业	1.698
42行业平均系数	1.353	42行业平均系数	1.524	42行业平均系数	1.174

从表 5-1 我们可以看出：①能源消耗系数排名靠前的行业多年来比较稳定，排名前十位的行业基本没有改变，这也证明了能源消耗系数在一定时期内具有稳定性；② 2002 年至 2007 年能源消耗系数有波动性地减小，这说明多年来经济飞速发展的同时能源利用效率虽有波动，但整体效率有所增加，响应了政府节能减排的号召；③具体到居于前十位的各个行业，主要是包括能源产业行业及金属工业相关行业，尤其是五大能源行业。这说明能源行业无论是从直接能源消费角度，还是间接能源消费角度都是重点行业，能耗仍是产业转移的重点。

由于数据缺失，废品废料未列入其中，表 5-2 只包括 41 个行业。从表 5-1 我们可以看出，2002 年至 2007 年，各行业的平均能源消耗系数减少了 4.63%。具体到各个行业，人们研究发现 41 个行业之间系数改变比例有显著差异，说明各行业之间双因素能源效率对该行业经济发展的推动力差异显著，如表 5-2 所示。

表 5-2 2002—2007 年各行业能源消耗系数改变情况

行业	改变比	行业	改变比
通信设备、计算机及其他电子设备制造业	28.35%	公共管理和社会组织	5.18%
燃气生产和供应业	23.99%	金属制品业	4.91%
仪器仪表及文化办公用机械制造业	23.39%	水的生产和供应业	4.62%
文化、体育和娱乐业	20.89%	纺织业	3.36%
非金属矿物制品业	17.60%	石油加工、炼焦及核燃料加工业	2.10%
工艺品及其他制造业	13.82%	交通运输设备制造业	2.04%
邮政业	13.46%	卫生、社会保障和社会福利业	1.96%
房地产业	13.39%	木材加工及家具制造业	1.52%
综合技术服务业	13.19%	农林牧渔业	1.35%
交通运输及仓储业	11.11%	非金属矿及其他矿采选业	0.85%
信息传输、计算机服务和软件业	10.78%	建筑业	-0.97%
电力、热力的生产和供应业	10.64%	电气机械及器材制造业	-1.21%
居民服务和其他服务业	10.47%	住宿和餐饮业	-3.33%
食品制造及烟草加工业	9.48%	租赁和商务服务业	-4.08%
化学工业	9.09%	石油和天然气开采业	-5.72%
金融业	8.71%	金属冶炼及压延加工业	-7.75%
造纸印刷及文教体育用品制造业	8.23%	水利、环境和公共设施管理业	-17.04%
纺织服装鞋帽皮革羽绒及其制品业	7.04%	煤炭开采和洗选业	-18.06%
通用、专用设备制造业	6.31%	研究与试验发展业	-25.58%
教育	6.26%	金属矿采选业	-25.95%
批发和零售业	5.26%	41 行业消耗系数平均改变	4.63%

从表 5-2 我们可以看出：① 41 个行业之中有 23 个行业能源消耗系数减少比例大于平均水平，说明这 23 个行业的双因素能源效率提高较大，为经济发展提供了较大的推动力；②五年来，燃气生产和供应业作为能源消耗系数居于各个行业前列（平均排名第四）的能源行业，其系数减少比例同样居于各行业前列（排名第二），煤炭开采和洗选业与石油和天然气开采业两个行业却出现了倒退的现象；③就产业角度而言，48% 第二产业行业和 31.25% 第二产业行业的系数改变比例都小于平均水平，这说明第二产业双因素能源效率仍是目前

提高能源效率工作的重点。尤其对于金属相关行业（包括金属矿采选业排名第一，金属冶炼及压延加工业排名第五）和一次能源开采业（包括煤炭开采和洗选业排名第三，石油和天然气开采业排名第六），其改变比例位于整体排名的后列。值得注意的是，研究与试验发展业出现了系数比例增加的现象，废品废料业也不再能保持过去的零能耗，这是近几年来，我国注重科技研发和废物回收，加大投入的结果。

5.2 双因素能源效率对中国产业结构调整的需求

总体看来，能耗问题任重道远，产业结构和能源结构没有改变，结构性能耗问题仍将持续存在。产业发展模式仍旧较为粗放，结构性能源效益较差，与国际水平存在巨大差异。传统农业、工业在产业结构中的比例依然很高，但能源结构不合理，如煤炭在能源结构中仍占较大比例，且科技对经济的贡献率不够。同时，未来 10 年是中国完成资本密集型工业化发展的重要时期，能源安全问题也是迫在眉睫的关键问题。

通过上述分析，作为第一产业农业的能源消耗系数远远低于平均水平，多年来基本处于倒数第十位左右。而从相对改变比例的角度来讲，其处于中间位置（1.35%），但同样低于平均水平。因此从双因素能源效率和产业结构调整的战略方位来思考，这与国家宏观政策中的大力发展现代农业是方向一致的。

就第二产业的能源消耗系数而言，80% 的行业能源消耗系数大于 1，尤其是五大能源产业行业。虽然从相对改变比例的角度来看，72% 的行业能源效率有所提高，但第二产业仍是高能耗产业。能效的提高则是由于产业本质和内部升级都需要能耗大的材料。从这个角度来看，作为国民经济中比重最大的第二产业，其提高能源效率是迫在眉睫的关键因素，也是整体产业结构调整的重点。好在第二产业行业种类较多，包括 25 个行业（第三产业包括 16 个，第一产业仅有农林牧渔业），许多产品具有较强的可替代性，可以考虑用能效较高的材料来代替能效较低的材料，从而提高第二产业各个行业的节能效率，挖掘其潜在能量。

第三产业各行业附加值高，有利于就业，同时 81.25% 的行业能源消耗系数小于 1。从相对改变比例的角度来看，68.75% 的行业高于平均水平，这说明这些行业（如邮政业，交通运输及仓储业，信息传输、计算机服务和软件业等）不仅能耗较小，多年来能效提高更趋于各个行业前列。而部分行业（如研究与试验发展业）本身能源消耗系数很低，相对改变比例出现负值也是可以理解的。因此大力发展第三产业，既有利于经济发展，又没有对资源环境造成过多破坏。

5.3 完全产污消耗系数

完全产污消耗系数是指每个产品直接产生和间接产生的污染物（三废）总量，即绿色投入产出表（实物-价值型）体系里完全消耗系数表中的 W_{ij}^{pk}。在绿色投入产出核算中，产污情况除了与相关行业（多为工业行业）有直接消费外，还与各个行业有间接消费。完全产污消耗系数是这种直接产污与间接产污的全面体现，这个指数比直接消耗系数更本质、更全面地反映了行业内部及行业之间的经济数量关系。

完全产污消耗系数反映了各行业对环境的破坏与其对经济发展贡献的比较，指标值越大说明环境资源作为投入要素的经济产出效率越低。从可持续发展的战略角度来考虑，如果某行业产污消耗系数越大，该行业就越应该考虑寻找相应的替代品，即有必要进行行业发展转移。参照行业分类与投入产出部门对照表，本节基于2002年、2005年和2007年可比价绿色投入产出表系，将所有行业归并为42个行业，整理核算出三期各行业产污消耗系数。表5-3是2007年、2005年及2002年中国完全产污消耗系数前十位的行业。三废单位统一为吨，产污系数的单位为吨/万元。

表5-3 废水完全产污系数前十位行业

行业（2002年行业）	系数	行业（2005年）	系数	行业（2007年）	系数
造纸印刷及文教体育用品制造业	71.93	造纸印刷及文教体育用品制造业	57.08	纺织服装鞋帽皮革羽绒及其制品业	47.82
金属矿采选业	43.13	金属矿采选业	43.17	电力、热力的生产和供应业	34.69
化学工业	42.40	水的生产和供应业	34.28	石油加工、炼焦及核燃料加工业	24.69
电力、热力的生产和供应业	35.82	化学工业	32.03	金属冶炼及压延加工业	23.42
金属冶炼及压延加工业	35.74	金属冶炼及压延加工业	28.75	煤炭开采和洗选业	21.68
纺织业	34.98	纺织业	27.87	化学工业	20.71
水的生产和供应业	29.42	电力、热力的生产和供应业	24.30	纺织业	19.34
燃气生产和供应业	25.78	煤炭开采和洗选业	23.00	水的生产和供应业	16.59

续表

行业（2002年行业）	系数	行业（2005年）	系数	行业（2007年）	系数
金属制品业	24.09	石油加工、炼焦及核燃料加工业	20.66	金属矿采选业	15.45
非金属矿物制品业	23.75	交通运输设备制造业	20.25	造纸印刷及文教体育用品制造业	15.05

废弃完全产污系数前十的行业，如表5-4所示。

表5-4 废气完全产污系数前十位行业

行业（2002年）	系数	行业（2005年）	系数	行业（2007年）	系数
电力、热力的生产和供应业	1.74	电力、热力的生产和供应业	1.23	电力、热力的生产和供应业	1.32
非金属矿物制品业	1.09	非金属矿物制品业	0.71	非金属矿物制品业	0.54
金属冶炼及压延加工业	0.55	金属冶炼及压延加工业	0.66	金属矿采选业	0.49
燃气生产和供应业	0.42	金属矿采选业	0.59	金属冶炼及压延加工业	0.45
金属矿采选业	0.39	水的生产和供应业	0.38	石油加工、炼焦及核燃料加工业	0.35
水的生产和供应业	0.38	煤炭开采和洗选业	0.36	水的生产和供应业	0.34
金属制品业	0.34	金属制品业	0.36	石油和天然气开采业	0.31
建筑业	0.29	石油加工、炼焦及核燃料加工业	0.34	建筑业	0.26
电气机械及器材制造业	0.25	电气机械及器材制造业	0.33	金属制品业	0.25
通用、专用设备制造业	0.24	交通运输设备制造业	0.32	煤炭开采和洗选业	0.23

固废完全产污系数前十的行业，如表 5-5 所示。

表 5-5　固废完全产污系数前十位行业

行业（2002 年）	系数	行业（2005 年）	系数	行业（2007 年）	系数
金属矿采选业	17.49	金属矿采选业	17.90	金属矿采选业	22.18
金属冶炼及压延加工业	4.62	煤炭开采和洗选业	5.19	金属冶炼及压延加工业	6.06
煤炭开采和洗选业	4.19	金属冶炼及压延加工业	5.03	煤炭开采和洗选业	4.97
电力、热力的生产和供应业	3.16	电力、热力的生产和供应业	2.88	电力、热力的生产和供应业	3.27
金属制品业	2.49	金属制品业	2.38	金属制品业	2.38
燃气生产和供应业	1.98	电气机械及器材制造业	2.10	电气机械及器材制造业	1.91
电气机械及器材制造业	1.68	交通运输设备制造业	1.96	通用、专用设备制造业	1.62
通用、专用设备制造业	1.55	通用、专用设备制造业	1.85	石油加工、炼焦及核燃料加工业	1.60
非金属矿及其他矿采选业	1.35	燃气生产和供应业	1.79	非金属矿及其他矿采选业	1.60
非金属矿物制品业	1.35	非金属矿及其他矿采选业	1.74	建筑业	1.53

从这几个表我们可以看出：①废水、废气和固体废物排名前十位的行业有很多都是相一致的，这说明虽然废水、废气和固体废物由于其性质不同而不能依靠简单叠加来评估，但是将三废作为一类环境污染评估是有意义的；②从三废角度来看完全产污消耗系数排名靠前的行业多年来比较稳定，排名前十位的行业变动较小，这也证明了同能源消耗系数相似，完全产污消耗系数在一定时期内具有稳定性；③ 2002 年至 2007 年，80.5% 的行业完全产污消耗系数有所减少，这说明这几年，在能源利用率提高在推动经济飞速发展的同时，产污率降低也在推动经济发展；④居于前十位的行业都隶属于工业相关行业，尤其是金属矿采选业、金属冶炼及压延加工业及电力、热力的生产和供应业始终居于产污前列，这说明这些行业无论是从直接产污消费角度，还是间接产污消费角度都是重点行业，虽然产污率已有较大程度的减少，但仍是产业转移的重点。

正如上文所述，虽然废水、废气和固体废物由于其性质不同而不能依靠简单叠加来评估，但是将三废作为一类环境污染评估是有意义的。因此，下面我们将三废作为一个整体，虽然其绝对数值是不能简单叠加的，然而其整体变动幅度对研究是有意义的。因此我们计算出三废的平均系数改变情况，其中由于数据的缺失，废品废料未列入其中，表 5-6 只包括 41 个行业。根据数据结果我们可以看出，2002 年至 2007 年各个行业的三废平均完全产污消耗系数减少了 6%，减少幅度明显低于能耗幅度（平均能源消耗系数减少了 15.65%）。具体到各个行业，我们研究发现 41 个行业之间系数改变比例有显著差异，这说明各行业之间双因素完全产污效率对该行业经济发展的推动力差异显著，如表 5-6 所示。

表 5-6　2002—2007 年各行业完全产污系数改变情况

行业	废水	废气	固废
燃气生产和供应业	38%	40%	24%
邮政业	46%	27%	17%
文化、体育和娱乐业	37%	25%	18%
综合技术服务业	33%	25%	20%
通信设备、计算机及其他电子设备制造业	37%	27%	12%
批发和零售业	36%	22%	14%
房地产业	27%	27%	12%
非金属矿物制品业	34%	29%	1%
仪器仪表及文化办公用机械制造业	31%	22%	11%
信息传输、计算机服务和软件业	33%	15%	5%
居民服务和其他服务业	29%	14%	1%
电力、热力的生产和供应业	34%	11%	-2%
金属制品业	28%	13%	2%
金融业	22%	14%	5%
教育	22%	13%	4%
通用、专用设备制造业	32%	9%	-4%
纺织服装鞋帽皮革羽绒及其制品业	18%	11%	5%
纺织业	18%	7%	8%
食品制造及烟草加工业	17%	7%	8%
木材加工及家具制造业	24%	9%	-3%
电气机械及器材制造业	31%	5%	-8%
造纸印刷及文教体育用品制造业	18%	5%	3%
公共管理和社会组织	22%	7%	-2%
交通运输设备制造业	29%	1%	-6%
工艺品及其他制造业	24%	5%	-6%
交通运输及仓储业	25%	0%	-4%
住宿和餐饮业	16%	6%	-1%

续表

行业	废水	废气	固废
金属冶炼及压延加工业	26%	6%	−15%
化学工业	28%	−3%	−8%
建筑业	25%	4%	−13%
水的生产和供应业	6%	5%	−9%
卫生、社会保障和社会福利业	23%	−6%	−14%
租赁和商务服务业	15%	−1%	−13%
非金属矿及其他矿采选业	17%	−12%	−11%
农林牧渔业	14%	−10%	−10%
金属矿采选业	10%	−17%	−13%
煤炭开采和洗选业	1%	−23%	−10%
水利、环境和公共设施管理业	6%	−16%	−26%
石油加工、炼焦及核燃料加工业	6%	−65%	−39%
石油和天然气开采业	−15%	−56%	−84%
研究与试验发展业	−50%	−100%	−161%
41 行业平均值	21%	3%	−7%

从表 5-6 我们可以看出：① 41 个行业之中，有 27 个行业完全产污消耗系数减少比例大于平均水平，说明这 27 个行业的双因素产污率降低较大，为经济发展提供了较大的推动力，同时也说明近年来我国各行业双因素产污率得到了很大改善，各行业环境保护意识逐年增长，有 8 个行业出现系数增加现象，说明这些行业在产污率方面倒退现象严重；②具体来看，出现系数倒退的行业中包括了所有开采业，说明这四个行业整体产污率倒退极为严重，而系数倒退的行业中，第二产业的五个行业都属于完全产污消耗系数前十位的行业（石油加工、炼焦及核燃料加工业，金属矿采选业，煤炭开采和洗选业等），这说明这些行业不仅面临产污率高的环境问题，而且多年来改变率也较低；③从三废具体构成来看，废水、废气和固体废物整体发展趋势较为一致，其中改善最大的是废水效率控制，起到了整体促进的作用，而固体废物出现整体较为严重的效率控制倒退现象，严重制约了三废整体效率的提升，废气虽然是三废控制最为热点的部分，其整体也存在改善，但其仍小于平均水平，所以仍是控制的焦点；④第一产业和第三产业的两个行业属于系数倒退的八个行业，而且也有一些第三产业行业系数虽有增加但却小于平均水平，此外污染控制效率提升较高的四个行业之中有四个属于第二产业，这些现象说明随着科技工业化进程的发展，第二产业经济发展的同时人们的环境成本降低意识越来越浓，而第三产业和第

一产业也并没有像表面上看上去那样对三废污染毫无责任；⑤同能源消耗系数相同，研究与试验发展业出现了系数比例增加的现象，废品废料业也开始产生完全产污消耗系数，这是近年来我国注重科技研发和废物回收，加大投入的结果。整体看来，三废污染的控制增速小于经济发展增速，这说明污染控制工作虽得到很大程度提升，但仍存在较为严重的问题，未来减排工作任重道远。

5.4 完全碳排放系数

完全碳排放系数是指每个产品直接产生和间接产生的污染物（碳排放）总量，是通过绿色核算计算而来的。完全碳排放消耗系数是直接碳排放与间接碳排放的全面体现，直接碳排放是指行业直接产生的碳排放污染，而间接碳排放是指其存在的隐形污染。完全碳排放系数比直接消耗系数更本质、更全面地反映了行业内部与各行业之间的经济数量关系，能反映出行业碳排放任务的完全责任担当程度。具体计算方法类似完全能源消耗系数，与能源消耗系数不同的是，能源消耗系数是根据能源总量计算而来的，而完全碳排放消耗系数是以煤炭、石油和天然气这三种消耗量较大的一次能源为基准来测算的。人们首先基于绿色核算，核算出三种一次能源的完全能耗消耗系数，进而计算出完全能耗量，根据联合国政府间气候变化专门委员会（IPCC）提供的参考方法，结合中国能源消耗的实际情况，碳排放总量可以根据各种能源消费导致的碳排放估算量加和得到。具体公式如下

$$CO_2 = \sum_{i=1}^{3} CO_{2i} = \sum_{i=1}^{3} E_i \times nNCV_i \times CEF_i \times COF_i \times (44/12) \quad (5-1)$$

其中，CO_2 代表估算的二氧化碳排放量，i=1，2，3 分别代表三种一次能源；E_i 代表完全能耗量，在此折算成能源度量的统一热量单位标准煤；NCV 为能源净发热值；CEF 为碳排放系数；COF 为碳氧化因子（取缺省值 1）；44 和 12 分别为二氧化碳与碳元素的分子量。

参照行业分类与投入产出部门对照表，本节基于 2002 年、2005 年和 2007 年可比价绿色投入产出表系，将所有行业归并为 42 个行业，整理核算出三期各行业完全碳排放消耗系数。表 5-7 是 2007 年、2005 年及 2002 年中国完全碳排放消耗系数前十位的行业。碳排放单位统一为吨，碳排放系数的单位为吨/万元。

表 5-7 完全碳排放消耗系数前十位行业

行业（2002年）	系数	行业（2005年）	系数	行业（2007年）	系数
石油加工、炼焦及核燃料加工业	20.436	石油加工、炼焦及核燃料加工业	24.314	石油加工、炼焦及核燃料加工业	21.211
电力、热力的生产和供应业	14.826	电力、热力的生产和供应业	12.838	电力、热力的生产和供应业	13.020
燃气生产和供应业	10.214	燃气生产和供应业	9.163	煤炭开采和洗选业	7.687
石油和天然气开采业	7.706	煤炭开采和洗选业	8.797	金属矿采选业	7.467
非金属矿物制品业	5.927	金属矿采选业	8.313	石油和天然气开采业	6.854
化学工业	5.868	金属冶炼及压延加工业	7.791	金属冶炼及压延加工业	6.435
金属冶炼及压延加工业	5.629	石油和天然气开采业	6.714	燃气生产和供应业	6.072
煤炭开采和洗选业	5.047	化学工业	6.320	化学工业	5.447
金属矿采选业	4.606	非金属矿物制品业	6.102	非金属矿物制品业	4.518
交通运输及仓储业	4.070	非金属矿及其他矿采选业	5.054	水的生产和供应业	3.909
42 行业平均系数	3.733	42 行业平均系数	4.388	42 行业平均系数	3.474

从表 5-7 我们可以看出：①从行业整体来看，完全碳排放消耗系数行业间差异很大，尤其是系数最大的石油加工、炼焦及核燃料加工业，远高于其他各个行业，然而三期各行业排名相对稳定，尤其是排名前九位的行业完全一致，这从某种程度上证明了行业异质性是造成系数差别的主要原因，因此行业系数相对稳定；② 2002 年至 2007 年，64.29% 的行业完全碳排放系数呈现出波动性减小趋势，这说明多年来，各个行业的碳排放责任担当正在向好的方向缓慢前进；③具体到居于前十位的各行业，都隶属于工业相关行业，尤其是五大能源行业全部包含其中，这说明这些高能耗、高污染的工业行业无论是从实际排放效果，还是完全责任担当都是需要重视的重点控制行业。

由于数据的缺失，废品废料未列入其中，表 5-8 只包括 41 个行业。从表中数据可以看出，2002 年至 2007 年各行业的平均完全碳排放消耗系数减少了 0.25%，平均来看处于基本稳定略有减小的状态。这说明近年来各行业在碳排放责任担当方面效率基本稳定。具体到各个行业，人们研究发现41个行业之间系数改变比例有显著差异，这说明各行业之间双因素碳排放责任担当效率对该行业经济发展的推动力差异显著，如表5-8所示。

表5-8 2002—2007年各行业完全碳排放消耗系数改变情况

行业	改变比	行业	改变比
文化、体育和娱乐业	22.11%	交通运输设备制造业	0.83%
燃气生产和供应业	22.01%	造纸印刷及文教体育用品制造业	0.83%
邮政业	20.84%	通用、专用设备制造业	0.59%
批发和零售业	18.20%	食品制造及烟草加工业	0.57%
通信设备、计算机及其他电子设备制造业	17.76%	公共管理和社会组织	0.04%
仪器仪表及文化办公用机械制造业	14.89%	住宿和餐饮业	-0.30%
综合技术服务业	13.37%	工艺品及其他制造业	-0.40%
交通运输及仓储业	12.36%	电气机械及器材制造业	-0.83%
非金属矿物制品业	11.51%	建筑业	-1.30%
居民服务和其他服务业	10.47%	卫生、社会保障和社会福利业	-2.86%
房地产业	9.30%	石油加工、炼焦及核燃料加工业	-3.11%
信息传输、计算机服务和软件业	6.52%	水的生产和供应业	-3.37%
木材加工及家具制造业	6.52%	农林牧渔业	-4.24%
电力、热力的生产和供应业	5.99%	非金属矿及其他矿采选业	-4.58%
纺织服装鞋帽皮革羽绒及其制品业	5.83%	金属冶炼及压延加工业	-10.51%
石油和天然气开采业	5.39%	租赁和商务服务业	-14.93%
金融业	5.25%	煤炭开采和洗选业	-30.84%
化学工业	3.05%	金属矿采选业	-35.15%
教育	2.96%	研究与试验发展业	-42.67%
金属制品业	2.54%	水利、环境和公共设施管理业	-56.18%
纺织业	1.78%	42行业消耗系数平均改变	0.25%

从表5-8我们可以看出：①41个行业之中，有26个行业完全碳排放消耗系数减少，说明这26个行业在碳排放责任担当方面有不同程度的进步，与系数减小的行业相比，系数增大行业间差异相对较大，而且系数增大程度最高的

两个行业都属于第三产业,且增幅远大于其他行业,说明在碳排放责任担当方面较差的并不是传统观念上的第二产业,第三产业的责任担当可能由于人们忽视而出现严重倒退的现象,存在较大的隐患;②从整体趋势来看,68%的第二产业行业变化幅度相对较小(幅度在10%之内),这说明随着科技工业化进程的发展,第二产业各行业在碳排放责任担当方面相对稳定,而68.75%的第三产业行业变化幅度相对较大(幅度高于10%);③与其他完全消耗系数相同,研究与试验发展业出现了系数比例增加的现象,废品废料业也产生了系数,这是近年来我国注重科技研发和废物回收,加大投入的结果。

5.5 双因素环境效率对中国产业结构调整的需求

整体看来,近年来各行业中环境责任担当的控制存在停滞状态,对环境的污染负荷依然严重。产业结构性污染依然严重,产业结构和污染结构没有突破性改变,产业发展模式粗放,结构性环境问题依然存在。与国际水平存在的差异引发了长期的结构性环境问题。产业结构不合理,传统农业、工业在产业结构中的比例依然很高,科技对经济的贡献率不高,造成了排污超载、环境恶化等问题,因此减排压力巨大。

通过上述分析,作为第一产业的农林牧渔业,并没有像表面上看上去那样对环境污染毫无责任而言。其完全环境污染效率系数始终居于倒数后十位,符合其低能耗低污染的行业特性。然而从相对改变比例的角度来讲,多年来其系数却呈现增大现象;从完全责任担当的角度来说,该行业环境污染存在变化的情况。因此从双因素产污率和产业结构调整的战略方位来思考,这与国家宏观政策中的大力发展现代农业是方向一致的,但仍存在风险。

第二产业的产污消耗系数普遍较高,整体来看其不仅有直接环境污染问题,在完全责任担当上也是三个产业中的大头。随着科技工业化进程的发展,第二产业经济发展的同时环境成本降低意识越来越浓,在碳排放责任担当方面则相对稳定。虽然从相对改变比例的角度来看,80%的行业产污率和64%的行业碳排放率呈现出提高的趋势,但第二产业仍是高环境成本产业。这是由于产业本质和内部升级都会直接或间接的污染环境的原因。从这个角度来看,作为国民经济中比重较大的第二产业(第一、第二、第三产业比重分别是15%、52%、33%),其减排任务是整体产业结构调整的重点。好在第二产业行业种类较多,许多产品具有较强的可替代性,可以考虑用环保的材料来代替高污染的材料,在保证工业扩张同时大力发展信息产业。

第三产业各行业附加值高，有利于就业，不存在直接环境污染现象，但其存在间接环境污染，也就是说其隐形环境成本虽已得到重视，但仍存在较大问题，其完全责任担当控制仍不可忽视。这说明在环境污染责任担当方面较差的并不是传统观念上的第二产业，三分之一的第三产业行业的碳排放责任担当可能由于忽视而出现严重倒退的现象，存在较大的隐患。然而从相对改变比例的角度来看，与其他两个产业相比，第三产业各行业变化幅度相对较大，超过半数的行业高于平均水平，这说明这些行业不仅隐形环境成本小，多年来隐形污染控制工作提高更位于各个行业前列。因此大力发展第三产业，整体看来既有利于经济发展，又没有资源环境方面的过多破坏，是值得大力推广的有利国策。然而与此同时，第三产业的发展并不是一概而论的，个别行业的环境污染重点控制也是有必要的（如研究与试验发展业，水利、环境和公共设施管理业）。

第 6 章　绿色核算下的高能耗产业分析

当前我国经济正处于"三期叠加"的状态,经济增长将长期处于中高速增长的新常态。2014年中央经济工作会议首次提及环境承载能力接近上限,近年的政府工作报告中强调要推动形成"绿色生产方式",决心走出一条经济发展与环境改善双赢之路。

本章以能源—环境—经济的"三位一体动态管理绩效"研究为旨,重点在于剔除不可控宏观影响从而得到真实可控的管理绩效。同时,引入动态要素,从可持续发展的视域关注全要素生产率。此外,利用无导向非径向的 SBM 处理环境负产出更符合要素变化的不确定性。中国39个行业面板数据结果表明,在中国动态管理绩效发展中,动态技术改变起主导促进作用,而其中的动态效应是最大的瓶颈。

6.1　阶段性动态投入产出绩效模型

6.1.1　阶段一　动态投入产出绩效模型的计算

首先,为了评价各产业投入产出绩效,将特殊要素的跨期影响引入传统 Malmquist 模型中,定义具有跨期效应的动态要素。同时,基于环境负产出效应,建立在能源环境约束下的动态 Malmquist,其概念模型如图 6-1 所示。

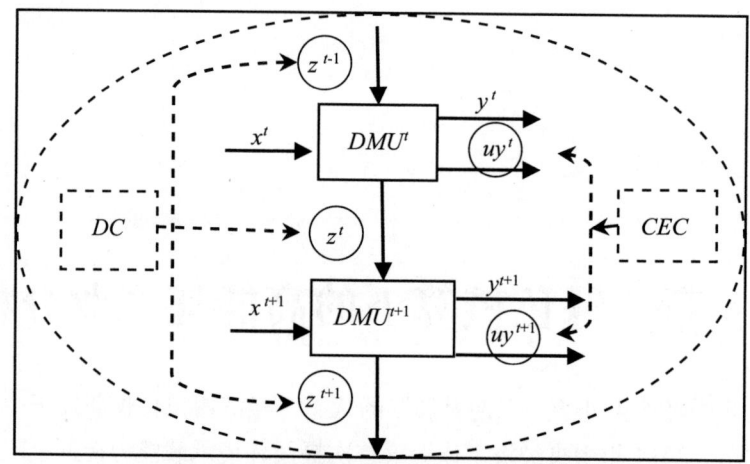

图 6-1 绿色核算视域下的动态模型结构

假设共 T 期 n 个决策单元（DMU），每个 DMU 用 X 个投入要素生产 Y 个产出要素，其中 UY 为负产出要素，Z 为动态要素。类似于传统 Malmquist 的分解方法，动态模型分解为代表前沿面追赶效应的全效率改变指数（OEC）和代表前沿面变动效应的动态技术改变指数（DTC）。其中，前者再分解为代表环境负产出对整体效率影响的污效效率改变指数（CEC）和传统的纯技术效率改变指数（PTC）、规模效率改变指数（SEC）；后者再分解为代表要素质量变动的技术改变指数（TC）和代表动态效应的动态改变指数（DC）。具体分解过程如下。

第一，利用距离函数我们定义第 t 期到第 $t+1$ 期的动态 Malmquist 模型如下。

$$DM = \underbrace{\frac{\overline{D}^{t}(x_{t}^{t}, z^{t-1}, y^{dt}, y^{ut}, z^{t})}{\overline{D}^{t+1}(x^{t+1}, z^{t}, y^{dt+1}, y^{ut+1}, z^{t+1})}}_{①} \quad (6\text{-}1)$$

$$\underbrace{\left[\left(\frac{\overline{D}^{t+1}(x^{t+1}, z^{t}, y^{dt+1}, y^{ut+1}, z^{t+1})}{\overline{D}^{t}(x^{t+1}, z^{t}, y^{dt+1}, y^{ut+1}, z^{t+1})}\right)\left(\frac{\overline{D}^{t+1}(x^{t}, z^{t-1}, y^{dt}, y^{ut}, z^{t})}{\overline{D}^{t}(x^{t}, z^{t-1}, y^{dt}, y^{ut}, z^{t})}\right)\right]^{1/2}}_{②}$$

区别于传统 MPI 中的效率改变指数（TEC）和技术改变指数（TC），①为考虑了环境负产出效率的全效率改变指数（OEC），②为考虑了动态要素跨期影响的动态技术改变指数（DTC）。

第二，OEC 分解为传统的效率改变指数（TEC）和新定义的污效效率改变指数（CEC），如式（6-2）所示。

$$
\underbrace{OEC = TEC \cdot CEC = \frac{\overline{D}^{t}(x^{t}, y^{t-1}, y^{t}, z^{t})}{\overline{D}^{t+1}(x^{t+1}, z^{t}, y^{t+1}, z^{t+1})}}_{③}
$$

$$
\underbrace{\frac{\overline{D}^{t+1}(x^{t+1}, z^{t}, y^{dt+1}, y^{ut+1}, z^{t+1}) / \overline{D}^{t}(x^{t}, z^{t-1}, y^{t}, z^{t})}{\overline{D}^{t+1}(x^{t+1}, y^{dt+1}, y^{ut+1}, z^{t+1}) / \overline{D}^{t+1}(x^{t+1}, z^{t}, y^{t+1}, z^{t+1})}}_{④} \tag{6-2}
$$

同理，*DTC* 进而分解为传统的技术改变指数（*TC*）和新定义的动态改变指数（*DC*），如式（6-3）所示。

$$
DTC = TC \cdot DC = \underbrace{\left[\left(\frac{\overline{D}^{t+1}(x^{t+1}, y^{dt+1}, y^{ut+1})}{\overline{D}^{t}(x^{t+1}, y^{dt+1}, y^{ut+1}}\right)\left(\frac{\overline{D}^{t+1}(x^{t}, y^{dt}, y^{ut})}{\overline{D}^{t}(x^{t}, y^{dt}, y^{ut}}\right)\right]^{1/2}}_{⑤} \times
$$

$$
\underbrace{\left(\frac{\dfrac{\overline{D}^{t+1}(x^{t+1}, z^{t}, y^{dt+1}, y^{ut+1}, z^{t+1})}{\overline{D}^{t}(x^{t+1}, y^{dt+1}, y^{ut+1})}}{\dfrac{\overline{D}^{t}(x^{t+1}, z^{t}, y^{dt+1}, y^{ut+1}, z^{t+1})}{\overline{D}^{t}(x^{t+1}, y^{dt+1}, y^{ut+1})}} \times \frac{\dfrac{\overline{D}^{t+1}(x^{t}, z^{t-1}, y^{dt}, y^{ut}, z^{t})}{\overline{D}^{t+1}(x^{t}, y^{dt}, y^{ut})}}{\dfrac{\overline{D}^{t}(x^{t+1}, z^{t-1}, y^{dt}, y^{ut}, z^{t})}{\overline{D}^{t}(x^{t}, y^{dt}, y^{ut})}}\right)^{1/2}}_{⑥} \tag{6-3}
$$

基于无导向无径向的 *SBM* 模型，本章通过公式（6-4）对各分解效率指数进行求解。假设每期有 n 个 DMU_s（j=1，…，n），第 t 期为基期，决策单元用 m 个投入要素（i=1，…，m）生产 s 个期望产出要素（i=1，…，s）和 p 个非期望产出要素（i=1，…，p），定义在相邻两期中有 r 个（i=1，…，r）动态要素。其中，x_{ijt}、y_{idjt} 和 y_{iujt} 分别为第 t 期决策单元 DMU_j 的投入要素、期望产出要素和非期望产出要素，z_{ijt} 为动态要素，S 均为松弛变量。

$$\overline{\rho}_v^* = \min \frac{1-\left(\dfrac{1}{m+r}\right)\left(\sum_{i=1}^{m}\dfrac{\overline{S}_{it}}{x_{iot}}+\sum_{i=1}^{r}\dfrac{\overline{S}_{ilt-1}}{z_{iot-1}}\right)}{1+\left(\dfrac{1}{s+p+r}\right)\left(\sum_{i=1}^{s}\dfrac{S_{idt}^{+}}{y_{idot}}+\sum_{i=1}^{p}\dfrac{\overline{S}_{iut}}{y_{iuot}}+\sum_{i=1}^{r}\dfrac{S_{ilt}^{+}}{z_{iot}}\right)}$$

s.t.

$$x_{iot} = \sum_{j=1}^{n} x_{ijt}\lambda_{jt} + \overline{S}_{it} \quad (i=1,\cdots,m;\ t=1,\cdots,T)$$

$$z_{iot-1} = \sum_{j=1}^{n} z_{ijt-1}\lambda_{jt-1} + \overline{S}_{ilt-1} \quad (i=1,\cdots,r;\ t=1,\cdots,T)$$

$$y_{idot} = \sum_{j=1}^{n} y_{idjt}\lambda_{jt} - S_{idt}^{+} \quad (i=1,\cdots,s;\ t=1,\cdots,T)$$

$$y_{iuot} = \sum_{j=1}^{n} y_{iujt}\lambda_{jt} + \overline{S}_{iut} \quad (i=1,\cdots,p;\ t=1,\cdots,T)$$

$$z_{iot} = \sum_{j=1}^{n} z_{ijt}\lambda_{jt} - S_{ilt}^{+} \quad (i=1,\cdots,r;\ t=1,\cdots,T)$$

$$\sum_{j=1}^{n} z_{ijt-1}\lambda_{jt-1} = \sum_{j=1}^{n} z_{ijt}\lambda_{jt} \quad (\forall i;\ t=1,\cdots,T)$$

$$\sum_{j=1}^{n}\lambda_j = 1$$

$$\lambda_{jt} \geq 0,\ \overline{S}_{it} \geq 0,\ S_{idt}^{+} \geq 0,\ \overline{S}_{iut} \geq 0,\ \overline{S}_{ilt-1} \geq 0,\ S_{ilt}^{+} \geq 0,$$

（6-4）

6.1.2 阶段二 xxTobit 拓展模型计算

有学者认为松弛变量受宏观因素、随机因素和管理效率三部分的影响。而传统模型并没有将各因素对绩效的影响加以区分，这样人们无法识别出效率到底反映的是管理绩效还是宏观因素影响或噪声影响。因此，各决策单元会以不可控的宏观因素作为绩效低的借口。为了解决这个问题，本文结合 SFA 模型的优点，将考虑时间序列的 Tobit 拓展模型定义为 xxTobit 模型。

$$S_j^{i*} = f^{it}(z_j^{it}) + D^i(d_j^i,\delta^i) + v_j^i \quad (6-5)$$

其中，自变量 $S_j(j=1,2,\cdots,n)$ 是松弛变量，因变量基于 SFA 模型分三部分。

第一部分的 z_j^{it} 是不可控的宏观影响变量；第二部分 D 是决策单元的虚拟部分，其中 δ^i 是参数，d_j^i 是名义变量；第三部分是随机干扰。后两部分误差是独立不相关的。

6.1.3 阶段三 动态投入产出绩效模型重新计算

为了剔除不可控的宏观因素影响，本章利用第二阶段的结果去调整第一阶段的各要素值。首先，式（6-8）是对投入要素的调整。

$$x_j^{ai} = x_j^i + \left[\max_j\{z_j^i\beta^{i*}\} - z_j^i\beta^i\right] + \max_j\{\hat{v}_j^i\} - \hat{v}_j^i \quad （6-8）$$

为了避免不合理的评估结果，本章进一步调整式（6-8）的结果，如式（6-9）所示。

$$x_j^{Ai} = \frac{\max_j(x_j^i) - \min_j(x_j^i)}{\max_j(x_j^{ai}) - \min_j(x_j^{ai})}\left[x_j^{ai} - \min_j(x_j^{ai})\right] + \min_j(x_j^i) \quad （6-9）$$

同理，本章对期望产出要素、非期望产出要素和动态要素进行调整如下。

$$dy_j^{Ai} = \frac{\max_j(dy_j^i) - \min_j(dy_j^i)}{\max_j(dy_j^{ai}) - \min_j(dy_j^{ai})}\left[dy_j^{ai} - \min_j(dy_j^{ai})\right] + \min_j(dy_j^i) \quad （6-10）$$

$$Uy_j^{Ai} = \frac{\max_j(Uy_j^i) - \min_j(Uy_j^i)}{\max_j(Uy_j^{ai}) - \min_j(Uy_j^{ai})}\left[Uy_j^{ai} - \min_j(Uy_j^{ai})\right] + \min_j(Uy_j^i) \quad （6-11）$$

$$z_j^{Ai} = \frac{\max_j(z_j^i) - \min_j(z_j^i)}{\max_j(z_j^{ai}) - \min_j(z_j^{ai})}\left[z_j^{ai} - \min_j(z_j^{ai})\right] + \min_j(z_j^i) \quad （6-12）$$

基于已调整的各要素值，本章利用动态 Malmquist 模型对各决策单元进行重新计算，从而得到剔除不可控宏观因素影响和随机干扰的、较为真实的管理绩效。

6.1.4 阶段四 动态绩效的系统聚类计算

为了识别各决策单元的共同特性，本章采用系统聚类的方法从动态效应、负外部性、纯技术效应、规模效应和技术进步五个方面进行分析。本章定义动态 Malmquist 模型的五个分解效率指数 DC、CEC、PTC、SEC、TC 分别代表这五个方面。本阶段运用了切比雪夫距离的最远邻元素法对各决策单元进行聚类。

6.2 动态产业投入产出绩效要素的选取

6.2.1 投入产出动态要素的选取

本章基于绿色投入产出表的最新编制方法，利用中国39个行业多年数据评估环境约束下中国能效动态管理绩效及其分解效率变动趋势。由于部分数据来源于投入产出表，中国投入产出表每五年统计一次，期间统计一个延长表，因此基于无导向无径向的动态 Malmquist 模型，本章将动态要素和负产出引入实证研究中。参考已有文献，本章基于成本考虑选取投入变量，产出要素选取则基于利润。相关投入产出动态变量，如表6-1所示。

在全球低碳经济背景下，一个行业环境约束下的能源效率与该行业开放程度直接相关。此外，出口比重较大的行业也有较大机会接触到国外先进技术，从而有利于能源效率。因此，行业开发程度为能源评估奠定了基础。对于行业经济开放程度，我们选取常用的出口比重作为衡量标准。选取固定资产投入作为动态要素是由于固定资产投入的收益具有一定的滞后性，而且收益能够延续。也就是说，当期的固定资产投入更偏向于作为资本积累的结果，而它会在后期作为特殊的投入而创造更多的价值，这符合动态要素跨期影响的特性，而固定资产投入作为资本要素是评价过程中必不可少的投入产出要素之一。因此，借鉴有关学者对动态要素的处理方法，本章对动态要素的处理采用上年的固定资产投入作为投入要素，本年的固定资产投入作为产出要素，以此分析动态要素对能效管理绩效的跨期影响。

本章分别采用绿色投入产出表中的能动系数和产污系数这样的相对效率值来反映能源投入要素和环境负产出要素。能动系数是指每元产出所直接动用和间接动用的总能源量（煤、石油、天然气），反映了能源效率本身对动态管理绩效的影响。产污系数是指每个产品直接产生和间接产生的污染物（"三废"）总量，该系数研究的是"三废"效率对动态管理绩效的影响。基于绿色投入产出核算的研究方法，本章首先进行数据预处理，编制了2000年、2002年、2005年和2007年的绿色投入产出表，从表中提取能动系数和产污系数作为能源投入要素和环境负产出要素。

6.2.2 资源禀赋要素的选取

资源禀赋要素的选取标准是其对中国能效动态管理绩效产生影响，但不在决策单元可控范围之内的因素。基于此，本章从宏观经济、人力资源、开放程度、能源消费、环境污染、研发6个方面选取了14个宏观影响因素（如表6-1所示）。

表6-1 投入产出动态变量与宏观影响因素

	变量	单位	定义&计算
投入产出动态变量	能动系数（X_1）	吨标准煤/元	每元产值所直接和间接消费的总能源（煤、石油、天然气）
	产污系数（Y_2）	吨/元	每元产值所直接和间接产生的总污染（废水、废气、固体废物）
	出口比重（X_2）	%	出口额/产值
	产值（Y_1）	亿元	在一定时期内生产的最终产品或提供劳务活动的总价值量
	就业人数（X_3）	亿人	满16岁的从事有报酬的工作的人
	固定资产投入（C）	亿元	建造和购置固定资产的经济活动
宏观影响因素	企业景气指数（E_1）	—	综合反映企业的生产经营状况
	产值比率（E_2）	%	行业产值/行业总产值
	固定资产交付使用率（E_3）	%	100×新固定资产/已完成固定资产
	财政拨款（E_4）	亿元	政府无偿拨给固定资产投入
	平均工资（E_5）	千元	总工资/就业人数
	女员工比率（E_6）	%	女员工/总员工数
	教育水平（E_7）	%	100×（没上过学×3+小学×6+初中×9+高中×12+专科×15+本科×16+研究生及以上学历×19）
	进出口比率（E_8）	%	（出口额+进口额）/国民生产总值
	天然气比率（E_9）	%	天然气消费/能源总消费
	煤比率（E_{10}）	%	煤消费/能源总消费
	废水比率（E_{11}）	%	废水排放/污染总排放
	废气比率（E_{12}）	%	废气排放/污染总排放
	研发投入（E_{13}）	百万	研发所用投入
	研发人员（E_{14}）	人	研发雇员

为了考虑管理无效性，本章还新定义了两个名义变量（D_1、D_2）。当D_1、D_2都为零时，该产业为第一产业；当D_1是1，D_2为0时，该产业为第二产业；当二者都为1时，该产业为第三产业。各个投入产出动态要素对应的宏观因素如表6-2所示。

表6-2 各要素宏观影响因素识别表

—	X_1	X_2	X_3	C_1	C_2	Y_1	Y_2	—	X_1	X_2	X_3	C_1	C_2	Y_1	Y_2
E_1	*	*	*	*	*	*	*	E_3				*	*		
E_2		*			*			E_4				*	*		

续表

—	X_1	X_2	X_3	C_1	C_2	Y_1	Y_2	—	X_1	X_2	X_3	C_1	C_2	Y_1	Y_2
E_5			*					E_{10}	*						
E_6			*					E_{11}							*
E_7	*	*	*			*	*	E_{12}							*
E_8		*				*		E_{13}	*	*		*	*	*	*
E_9	*							E_{14}			*				

6.3 动态产业投入产出绩效的聚类分析

剔除不可控宏观因素的影响后，中国动态 Malmquist 绩效分析偏重于评估决策单元可控部分的绩效。根据系统聚类的结果，本章将中国 39 个行业分为 4 组，各组行业的动态管理绩效分解效率指数如图 6-2 所示。

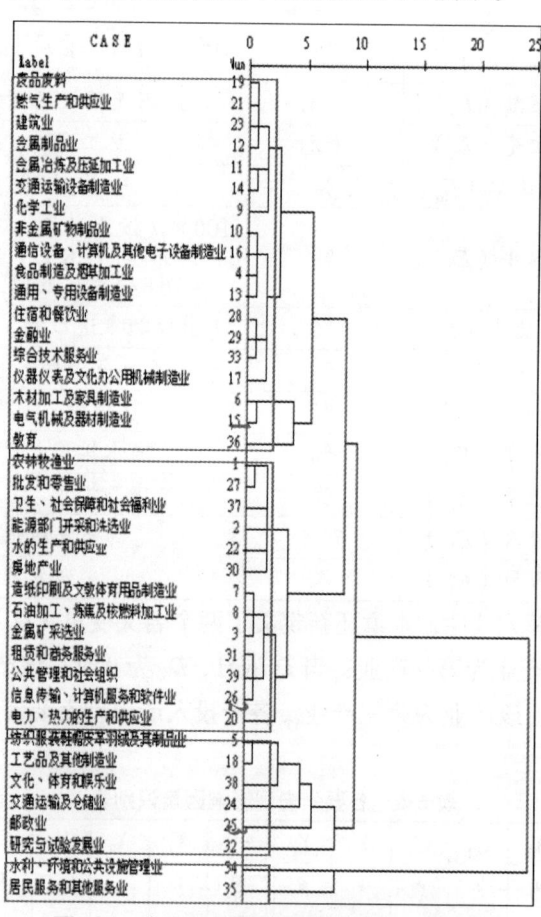

图 6-2 中国能效动态管理绩效行业聚类图

第6章 绿色核算下的高能耗产业分析

整体而言，技术改变指数（TC）对大部分行业动态管理绩效起到促进作用。这说明当前员工的素质和先进的技术对管理绩效的提升起到了普遍的促进作用。然而，大部分行业都没有充分发挥出动态要素固定资产投入的跨期效应，分析结果中大部分行业的动态改变指数（DC）都小于1也充分证明了这一观点。也就是说，这些行业处于动态倒退状态，固定资产投入的跨期效率逐渐降低。

根据系统聚类的结果，本章将中国39个行业分为四组，各组行业的动态管理绩效分解效率指数如图6-3所示，图中左下角为整体图，主图为内部放大的局部图。整体来看，技术改变指数（TC）对大部分行业能效动态管理绩效起到了促进作用。这说明当前员工的素质和先进的技术对能效管理绩效的提升起到了普遍的促进作用。然而，大部分行业都没有充分发挥出动态要素－固定资产投入的跨期效应，分析结果中大部分行业的动态改变指数（DC）都小于1也充分证明了这一观点。也就是说，这些行业处于动态倒退状态，固定资产投入的跨期效率逐渐降低。

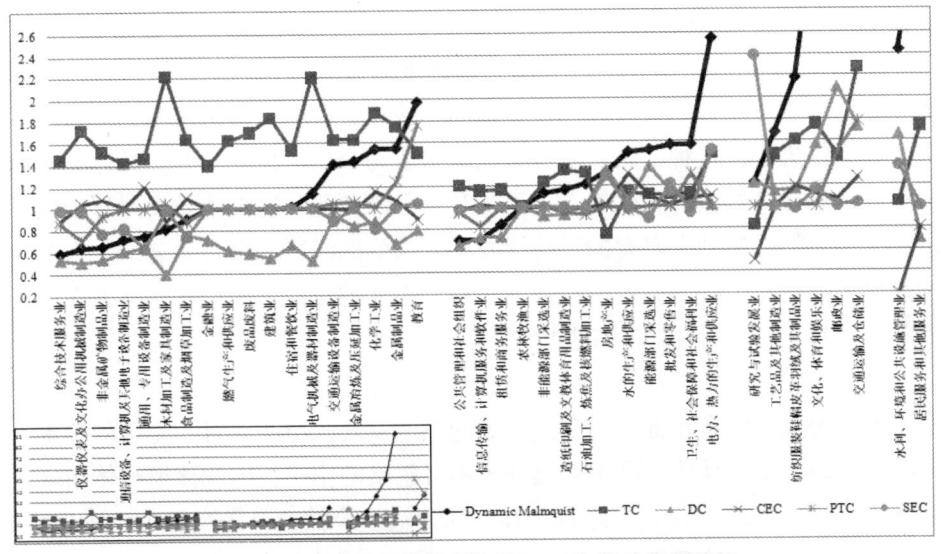

图6-3　中国分行业管理绩效DMPI分解效率指数图

具体来看，第一组为典型的TC优势组，即技术改变指数在整体绩效中起绝对带动效应；第二组为综合作用组，即管理绩效是多个分解效率共同作用的结果，没有突出效率指数；第三组为DTC优势组，即动态技术改变指数在管理绩效中起到绝对带动效应，而其他分解效率指数也带动管理绩效上升，因此是四个组中的明星组；第四组为PTC优势组，由图6-3中左下角的整体图可以看出，纯技术改变指数起到了绝对领先的带动作用。这种典型的传统优势促使这两个行业的能效管理绩效在各行业中处于较高地位。从上述四组来看，动态技术进步的优势逐渐成为各行业能效动态管理绩效提高的主要方式，相对较为初级的效率改变层面，如规模、纯技术效应已逐渐达到较为成熟的层面，大幅度提升的难度相对较大。

第一组（TC 优势组）。接近 1/2 的行业都被归为 TC 优势组，其中 14 个行业都属于第二产业。该组技术改变指数处于各行业领先水平，而动态改变指数却产生了抑制作用。这说明其先进的技术、科学的管理制度对整体绩效提升起到了极大的促进作用，然而动态要素的跨期效应并没有得到充分利用，且存在倒退现象。这在一定程度上制约了管理绩效的提高，而且随着该组各行业整体绩效的提升，动态改变指数的抑制作用会逐渐增大。也就是说，制造业为首的该组各产业并没有充分发挥固定资产投入的跨期效应，而过多的关注于短期利益。此外，并没有显著优势的排污控制、止步不前的规模效益都有碍于管理绩效提升。在这种状况下，该组各行业之间的动态管理绩效的差异主要来源于纯技术效率改变指数的差异。

第二组（综合作用组）。1/3 的行业都被归为综合作用组，该组包含了除燃气生产和供应业外的所有能源产业部门。该组分解绩效结果说明这些行业没有显著的优劣势，这种中庸之举势必使该组成为今后的保守行业。具体到组内各行业，如计算机服务和软件业、租赁和商务服务业，这类绩效发展形势较好的第三产业，忽略动态要素的可持续发展对绩效的滞后作用是显著的。农林牧渔业作为唯一一个各分解效率指数处于稳定不变的行业，虽然其始终处在前沿面上，但对于自身而言却没有进步。

第三组（DTC 优势组）。该组包含 6 个行业，这些行业充分发挥了固定资产投入的跨期效应从而带动了整体绩效的飞速发展，与此同时，先进的技术、成熟的管理制度在绩效提高中也起到了不可忽略的作用，因此该组整体绩效普遍高于其他行业。尤其对于邮政业和交通运输及仓储业，较高的 DC 和 TC 使这两个行业的动态管理绩效遥遥领先，居于所有行业之首。该组以动态技术进步带动动态管理绩效的特点使该组成为四个组中的明星组，这个优势在其今后的可持续发展中也会起到先决作用。

第四组（PTC 优势组）。该组是一个比较特殊的组，在中国各个行业动态管理绩效中处于边缘行业，只包括水利、环境和公共设施管理业与居民服务和其他服务业两个行业。该组纯技术效率改变指数处于各行业领先水平，而环境负产出的效率控制产生了抑制作用。该特点说明这两个行业属于最典型的传统行业，且处于发展的初级阶段。从可持续发展战略部署来看，只靠传统 PTC 的优势在今后的可持续发展战略中必然会落后于其他行业,因此也成为该组行业的软肋。这使得该组两个行业面对的问题较其他三组更为严峻。

6.4 动态产业投入产出绩效的 BCG 变体矩阵分析

环境约束下的能效动态 Malmquist 模型（DMPI）从两个不同的角度评估了中国各行业的能效管理绩效,它们分别为动态要素和与正产出共生的环境负产出要素。然而,剔除宏观因素的不可控影响后,两者的效率改变又是如何影响中国分行业能效动态全要素生产率（DTFP）的。为了研究这一问题,本章将中国 39 个行业能效整体动态管理绩效根据新定义的动态改变指数（DC）和污效效率改变指数（CEC）情况划分。

借鉴波士顿咨询集团开发的 BCG 变体矩阵的思想,本节以动态改变指数（DC）和污效效率改变指数（CEC）为依据,将 39 个行业划分入 BCG 变体矩阵中,如图 6-4 所示,以期评析能效动态 Malmquist 模型中新定义的 DC 和 CEC 对整体绩效的影响。如图 6-4 所示,当 CEC 和 DC 都大于 1 时,本章定义为明星类;当 CEC 大于 1,DC 小于 1 时,定义为现金牛类;当 CEC 小于 1,DC 大于 1 时,定义为问号类;当二者都小于 1 时,定义为瘦狗类。

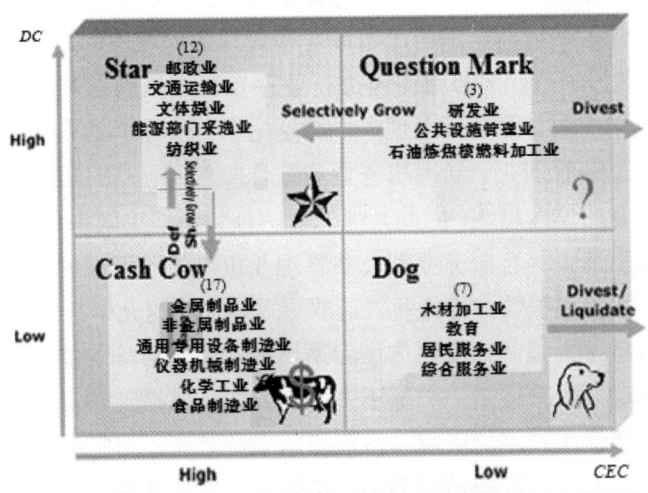

图 6-4 中国分行业能效管理绩效特殊效率指数 BCG 变体矩阵

具体来看,明星类包含 12 个行业,其中前文中提到的受不可控宏观因素影响而被隐藏的明星行业——邮政业、交通运输业和文体娱业为明星类的代表。同时,聚类分析中的第三组行业——DTC 优势组中各行业（除被称为边缘组员的居民服务业外）都属于 BCG 变体矩阵中的明星类,这充分说明动态要素的跨期效应和环境负产出效应对能效动态管理绩效的影响是至关重要的，动态要素效率和环境负产出效率与提高整体绩效密不可分。作为明星类行业，能效动态管理绩效拥有一个较好的前景。

现金牛类几乎包含中国行业的一半，其中大部分行业属于聚类分析中的第一组——TC 优势组，其余如租赁业、非能源采选业等四个行业属于聚类分析中的第二组——综合作用组。该类行业对污染效率的控制较好，然而其缺口在于没有充分利用固定资产投入的跨期效应。这使得其存在不可持续发展的隐患，这个隐患继而会导致其丧失一部分长期利益。如果动态要素效率长期倒退，那么该类的技术进步优势也不能阻止其进入瘦狗类而存在被淘汰的风险。当然，在继续控制好环境负产出效率的同时部署可持续发展战略也会促使其逐步进入明星类。

问号类只包含研发业、公共设施管理业和石油炼焦核燃料加工业。此类包含的是比较特殊的行业，从可持续发展战略部署的角度来看，其在动态要素的跨期效应的把握上存在一定的优势。然后，对环境负产出效率的控制却存在较大隐患。一方面是由于这三个行业自身特点使其污染控制有一些难度，然而这不能作为其相对于其他行业的效率低下的借口；另一方面其可持续发展的优势对于该类发展同样是一个机会，也有机会步入明星类。

瘦狗类包含七个行业，除居民服务业和公共管理业外，其他行业都是聚类分析中的第一组——TC 优势组。该类行业存在较大风险，其对动态要素和环境负产出的效率控制都存在倒退现象。而这七个行业中有四个属于第三产业，分别是教育、公共管理业、居民服务业和综合服务业，这打破了环境污染重点存在于第二产业的惯性思维，因此其他产业的环境负产出效率控制也不容忽视。此外，木材加工业、综合服务业和公共管理业也是被不可控的宏观因素影响所掩盖的能效动态管理绩效劣势行业，这双重风险使得这几个行业的风险更大。

本章从可持续发展的角度评估剔除不可控的宏观影响的能源－环境－经济的"三位一体动态管理绩效"。基于多阶段方法，以期评估基于环境约束下的各行业动态全要素生产率的影响，从而揭示出隐藏于不可控的宏观因素背后的动态管理绩效，并全面准确地识别出环境效率、能源效率与经济效率可持续发展的互惠关系。

与传统全要素生产率结果的比较得到的动态管理绩效结果显示，不可控的宏观因素在生产率评估过程中制造了一些"和稀泥"的现象，一些明星行业和绩效较差行业被隐藏。聚类结果表明，动态技术改变效应在中国动态管理绩效发展过程中起到了主导促进作用。环境负产出效率改变指数基本保持平稳状态，固定资产投入的动态改变效应是各行业亟待解决的共同瓶颈。这是由多种因素所造成的：一方面，行业往往过多的关注当期利润；另一方面，没有合理的制度标准来保证跨期效应，现有考核制度、激励机制仍停留在短期或中期目标上。如何构建可操作性强的机制是将来研究的一个重要主题。

综上所述，人们应该重视能源使用、排污控制和长期经济发展的优化配置。结合各行业自身特点，最大限度地提高和运用管理知识和管理技能，并发挥高科技投入在改进能源环境效率中的作用。此外，人们关注制造业等高污染产业的同时，也要警惕第三产业的效率控制，放眼于行业间相对效率对比，而不要一味追求绝对数量的控制。与此同时，加强行业之间的技术交流与合作，积极构建涵盖能源使用、生态环境和经济可持续发展在内的绿色国民经济核算体系，努力实现三位一体的动态管理绩效，从而促使经济与能源环境和谐可持续发展。

参考文献

[1] 李惠茹. 外商直接投资的生态环境效应研究 [M]. 北京：人民出版社，2009.

[2]《第三次气候变化国家评估报告》编写委员会. 第三次气候变化国家评估报告 [M]. 北京：科学出版社，2015.

[3] 陈诗一. 中国各地区低碳经济转型进程评估 [J]. 经济研究，2012（8）.

[4] 单永娟，张颖，曹先磊. 我国环境经济政策与陆地生态系统碳汇能力变动研究 [J]. 统计与决策，2016（19）.

[5] 邓玉萍，许和连. 外商直接投资、集聚外部性与环境污染 [J]. 统计研究，2016（9）.

[6] 郭莹，李进华，夏东坡，等. 我国中部六省 CO_2 排放动态变化趋势 [J]. 环境科学研究，2016（9）.

[7] 胡剑波，高鹏，张伟. 中国对外贸易增长与隐含碳排放脱钩关系研究 [J]. 管理世界，2017（10）.

[8] 黄杰. FDI 对中国碳排放强度影响的门槛效应检验 [J]. 统计与决策，2017（21）.

[9] 雷明，虞晓雯，赵欣娜，等. 动态视角下我国 3E 全要素生产率的区域差异研究 [J]. 运筹与管理，2014（2）.

[10] 刘曙光，张涵. FDI 与区域创新发展关系研究评述 [J]. 经济问题探索，2017（2）.

[11] 刘亚飞，孙永平. 外商直接投资、碳泄漏与碳强度：基于中国省级面板数据 [J]. 湖北经济学院学报，2016（2）.

[12] 牛海霞，胡佳雨. FDI 与我国二氧化碳排放相关性实证研究 [J]. 国际贸易问题，2011（5）.

[13] 潘家华，庄贵阳，郑艳，等. 低碳经济的概念辨识及核心要素分析 [J].

国际经济评论，2010（4）.

[14] 任毅，丁黄艳，任雪. 长江经济带工业能源效率空间差异化特征与发展趋势：基于三阶段 DEA 模型的实证研究［J］. 经济问题探索，2016（3）.

[15] 王帆，FDI 来源与中国可持续发展：兼论污染避难所假说的现实状况［J］. 山西财经大学学报，2014（12）.

[16] 王思语，郑乐凯. 全球价值链嵌入特征对出口技术复杂度差异化的影响［J］. 数量经济技术经济研究，2019（5）.

[17] 王小艳. 中部地区地方政府低碳治理效率评价［J］. 系统工程，2016(1).

[18] 徐晓娟，智冬晓. 中国 IFDI 统计现状分析与评价［J］. 统计研究，2014（1）.

[19] 张辉，闫强明. 外商直接投资对我国工业行业全要素生产率的门槛效应分析：基于 28 个工业行业的数据分析［J］. 安徽大学学报（哲学社会科学版），2015（6）.

[20] 赵鉴华，木克热木·米力克，徐艳梅. 我国各地区 FDI 引进效率动态分析：基于 DEA 模型的 Malmquist 指数方法［J］. 管理评论，2013（4）.

[21] 赵荣钦，黄贤金. 城市系统碳循环：特征、机理与理论框架［J］. 生态学报，2013（2）.

[22] 郑丽琳. 国际油价波动对中国物价水平影响的研究：基于协整和状态空间模型的估计［J］. 经济经纬，2013（2）.

附录　中国绿色投入产出表系

附录 1　中国 2002 年绿色投入产出表（单位：万元）

附表 1-1　中国 2002 年绿色投入产出表（中间使用为 DMU01—DMU09）[①]

投入＼产出		中间使用											
		煤资源恢复部门	石油资源恢复部门	天然气源恢复部门	DMU01	DMU02	DMU03	DMU04	DMU05	DMU06	DMU07	DMU08	DMU09
	煤资源动用量	0	0	0	0	574 200	0	0	0	0	0	0	0
	石油资源动用量	0	0	0	0	0	53 043	0	0	0	0	0	0
	天然气资源动用量	0	0	0	0	0	437	0	0	0	0	0	0
中间投入	DMU01	261 949	406 242	4 068	46 107 479	303 534	63	77 611	17 211	48 499 261	11 895 705	2 987 182	4 222 832
	DMU02	40 351	62 578	627	882 326	1 006 466	185 142	63 796	41 632	431 858	378 789	56 457	281 729
	DMU03	30 779	47 733	478	9 398	9 555	319 521	29 898	62 824	27 009	72 890	0	0
	DMU04	17 316	26 854	269	0	0	0	974 653	0	0	0	0	0
	DMU05	15 200	23 573	236	83 189	28 799	2 632	10 227	769 273	117 678	0	0	0
	DMU06	132 643	205 708	2 060	15 629 085	3 919	13 914	6 156	0	19 450 644	34 860	2 426 986	1 743
	DMU07	83 661	129 745	1 299	167 479	23 320	64 269	10 737	14 667	186 817	30 410 749	18 871 155	438 311
	DMU08	62 814	97 414	975	44 811	128 345	124 549	70 867	78 291	100 733	253 127	8 361 029	573 551
	DMU09	39 598	61 410	615	753 880	263 532	39 168	31 737	31 594	149 055	75 204	111 968	9 360 020
	DMU10	84 338	130 795	1 310	493 512	57 776	70 561	46 221	76 302	3 050 224	543 272	963 775	546 396
	DMU11	63 809	98 959	991	2 790 259	444 282	682 306	978 624	494 904	290 698	268 633	166 391	336 547

① 附表中所用代码含义见表 2-3，DMU 代表数字模型。

续表

投入 \ 产出		煤资源恢复部门	石油资源恢复部门	天然气源恢复部门	中间使用								
					DMU01	DMU02	DMU03	DMU4	DMU05	DMU06	DMU07	DMU08	DMU09
中间投入	DMU12	306 724	475 681	4 763	19 140 471	913 827	477 056	720 358	1 448 089	4 753 643	9 446 210	4 181 611	3 390 468
	DMU13	63 621	98 667	988	895 928	320 858	122 293	108 157	162 489	826 543	164 839	161 558	216 700
	DMU14	301 251	467 192	4 678	322 382	1 650 248	594 378	313 899	113 236	257 858	98 669	142 571	701 220
	DMU15	105 472	163 571	1 638	833 785	750 535	252 218	296 790	132 072	1 005 726	161 340	263 309	797 410
	DMU16	252 894	392 199	3 927	2,232 779	1 463 956	811 113	593 060	690 339	511 045	1 429 046	283 499	393 469
	DMU17	111 438	172 823	1 731	1 248 141	325 842	278 620	267 091	328 624	381 519	182 189	96 614	181 705
	DMU18	155 839	241 682	2 420	249 574	813 086	481 066	112 346	137 275	176 693	293 930	123 758	144 559
	DMU19	212 872	330 131	3 306	106 110	110 678	122 693	437 58	40 126	100 413	185 832	138 229	62 820
	DMU20	20 975	32 529	326	105 944	213 157	330 505	59 747	40 388	94 586	85 854	101 527	71 534
	DMU21	25 057	38 860	389	357 843	161 517	40 515	64 051	91 369	196 585	269 548	214 691	141 368
	DMU22	12 199	18 919	189	307	309	390	609	762	38 058	5 332	3 908	19 499
	DMU23	94 227	146 131	1 463	3 204 496	2 667 701	1 505 174	1 535 236	772 263	1 474 834	1 986 573	457 393	899 313
	DMU24	3 808	5 906	59	8 606	313	31 269	18 525	8 501	59 518	21 368	7 795	7 796
	DMU25	6 457	10 014	100	87 095	47 652	38 031	36 694	35 609	121 311	92 212	38 134	53 989
	DMU26	258 307	400 593	4 011	494 318	84 872	32 337	12 869	9 671	39 194	35 073	31 141	12 973
	DMU27	165 326	256 395	2 567	5 990 276	1 670 304	458 674	537 227	1 086 813	3 830 174	1 692 050	1 514 383	1 807 038
	DMU28	5 769	8 947	90	127 313	25 965	7 533	5 352	5 669	55 230	54 688	63 913	22 810
	DMU29	69 720	108 125	1 083	439 348	391 327	201 416	51 052	442 370	620 485	493 135	786 319	368 267
	DMU30	204 446	317 064	3 175	7 401 064	1 053 396	421 241	382 224	467 779	7 198 649	3 773 684	3 656 065	2 006 510
	DMU31	77 520	120 221	1 204	512 160	376 050	123 741	124 831	208 384	526 096	711 515	357 694	238 299

续表

投入＼产出		中间使用											
		煤资源恢复部门	石油资源恢复部门	天然气源恢复部门	DMU01	DMU02	DMU03	DMU04	DMU05	DMU06	DMU07	DMU08	DMU09
中间投入	DMU32	78 976	122 479	1 226	4 488 493	584 033	590 976	196 956	230 932	1 142 430	995 419	559 979	439 947
	DMU33	69 955	108 490	1 086	88 046	30 419	8 246	5 249	12 966	150 444	125 002	245 548	131 199
	DMU34	58 317	90 440	906	660 827	306 113	311 902	78 614	150 910	2 577 405	587 923	1 767 594	491 499
	DMU35	8 041	12 470	125	1 759	0	0	0	989	0	423	0	26
	DMU36	8 547	13 256	133	69 201	13 987	50 283	8 433	9 825	28 717	8 392	11 865	5 412
	DMU37	20 029	31 061	311	1 590 648	391 955	276 115	141 710	63 752	195 836	93 142	89 375	33 363
	DMU38	52 991	82 181	823	825 797	273 789	201 038	77 890	87 458	364 414	364 678	235 310	87 529
	DMU39	58 771	91 144	913	208 728	129 751	34 516	34 759	30 380	74 338	73 440	46 934	25 477
	DMU40	38 511	59 725	598	113 480	128 318	9 663	65 573	10 302	212 568	60 299	182 819	30 942
	DMU41	17 911	27 777	278	44 606	42 638	31 636	43 973	60 904	177 260	106 050	137 618	77 418
	DMU42	87 710	136 025	1 362	0	0	0	0	0	0	0	0	0
	废水产生量	0	0	0	0	48 571	9 226	41 089	9 765	159 094	132 208	16266	4 345
	废气产生量	0	0	0	0	169	38	141	79	258	111	12	29
	固体废物产生量	0	0	0	0	13 716	158	22 470	1 172	2 197	511	127	130
总投入		6 117 864	10 395 595	104 097	285 787 423	40 109 089	32 633 054	14 524 833	15 904 914	144 807 828	90 055 514	66 298 844	6 117 864

附表 1-2　中国 2002 年绿色投入产出表（中间使用为 DMU10—DMU21）

投入 \ 产出		中间使用											
		DMU10	DMU11	DMU12	DMU13	DMU14	DMU15	DMU16	DMU17	DMU18	DMU19	DMU20	DMU21
中间投入	煤资源动用量	0	0	0	0	0	0	0	0	0	0	0	0
	石油资源动用量	0	0	0	0	0	0	0	0	0	0	0	0
	天然气资源动用量	0	0	0	0	0	0	0	0	0	0	0	0
	DMU01	1 834 415	8 374	6 609 319	44 640	9 516	27 190	65 396	15 795	6 680	20 599	298	1 847 887
	DMU02	340 401	1 891 585	2 652 001	2 234 967	3 340 238	124 478	570 894	266 438	88 518	43 925	8 719	182 904
	DMU03	24 131	34 370 151	3 333 292	114 637	390 602	87 106	111 351	55 092	13 571	3 562	773	375
	DMU04	0	0	783 052	109 578	13 588 280	1 102 906	483 392	128 014	413 013	31 179	16 039	3 002
	DMU05	2 506	0	2 842 636	3 135 179	1 055 462	132 744	94 101	19 560	18 573	27 243	4 460	55 930
	DMU06	13 259	0	1 655 961	1 198	0	0	0	0	0	0	341	101 280
	DMU07	1 170 032	6 329	727 073	286 623	53 248	168 520	637 602	185 422	44 086	201 796	32 210	1 739 008
	DMU08	458 911	60 158	728 915	171 860	230 375	108 111	267 501	286 854	113 826	90 017	37 312	65 499
	DMU09	1 033 971	24 325	436 319	332 467	92 816	767 055	387 814	229 915	236 218	165 897	35 783	360 084
	DMU10	16 525 840	66 245	2 864 616	1 758 475	195 206	468 483	729 359	252 100	1 732 298	1 064 768	183 419	1 022 568
	DMU11	376 663	2 557 980	7 132 778	1 673 988	5 355 889	522 897	899 192	376 861	395 385	284 893	39 156	231 739
	DMU12	7 596 635	1 073 638	80 711 819	3 865 604	2 351 239	1 929 965	6 485 221	5 825 435	8 472 010	7 279 604	1 948 032	1 561 525
	DMU13	188 132	142 089	1 213 476	4 676 870	2 759 533	585 164	617 687	552 715	944 293	3 257 700	397 114	315 249
	DMU14	712 730	386 174	1 731 533	1 490 874	46 298 332	20 242 869	22 171 133	10 202 101	13 894 283	2 314 399	1 062 827	1 268 957
	DMU15	931 431	190 958	1 664 758	1 524 663	1 445 059	6 855 389	4 490 640	1 604 234	2 922 109	2 558 750	631 367	917 658

续表

投入＼产出		中间使用											
		DMU10	DMU11	DMU12	DMU13	DMU14	DMU15	DMU16	DMU17	DMU18	DMU19	DMU20	DMU21
中间投入	DMU16	832 328	734 280	2 501 689	2 013 358	3 976 698	1 026 251	22 980 238	8 254 976	3 079 723	1 588 235	497 749	145 630
	DMU17	492 048	181 929	596 362	146 120	1 092 930	251 658	1 493 691	27 480 867	341 753	365 159	87 332	71 568
	DMU18	330 977	369 504	842 655	368 928	874 700	332 419	5 168 706	2 140 679	6 805 883	8 598 989	928 409	140 677
	DMU19	710 577	158 021	662 179	230 797	198 442	143 173	2 450 738	565 159	2 234 361	58 610 946	3 230 316	94 644
	DMU20	146 217	115 592	767 935	171 410	323 464	96 782	559 293	443 714	350 073	317 883	1 025 601	43 671
	DMU21	309 578	64 777	560 064	217 794	578 784	233 323	554 044	229 185	374 585	275 623	63 259	1 204 279
	DMU22	1 265 036	9 573	103 360	237 597	5 768 941	91 380	494 051	40 219	18 394	64 713	2 709	24 493
	DMU23	1 451 795	1 304 343	9 890 426	3 458 680	7 998 367	2 325 759	2 838 353	1 198 504	907 694	1 132 214	154 884	342 114
	DMU24	14 522	42 986	115 336	77 827	158 519	10 024	42 940	45 312	56 997	36 676	7 773	24 494
	DMU25	141 420	98 838	391 956	101 675	228 814	79 396	121 298	114 759	72 449	92 871	25 222	20 145
	DMU26	28 305	20 158	118 759	48 509	91 973	18 124	65 885	82 558	30 745	27 751	7 611	59 909
	DMU27	2 415 002	2 723 120	6 982 490	3 353 554	6 510 075	2 127 500	3 994 831	2 174 328	2 023 509	2 280 104	455 204	548 651
	DMU28	42 500	5 521	140 949	21 053	20 588	28 125	96 789	32 727	48 382	45 552	10 013	13 190
	DMU29	278 175	244 513	1 549 695	527 182	968 218	1 335 321	1 567 068	1 062 033	1 143 211	840 500	180 975	265 258
	DMU30	3 861 636	1 810 652	8 149 392	2 721 544	6 089 163	2 028 222	4 532 473	3 639 645	2 912 229	5 168 907	621 694	1 217 879
	DMU31	699 883	105 877	1 101 522	544 261	358 526	515 296	1 270 148	324 336	773 633	356 847	124 319	135 781
	DMU32	906 054	527 527	2 439 399	1 777 470	1 429 876	446 561	1 800 750	770 797	707 183	1 693 420	93 228	234 482
	DMU33	180 549	25 147	351 021	48 904	43 559	123 893	171 419	94 272	152 240	268 488	157 200	55 923
	DMU34	634 572	326 548	2 621 565	622 264	442 042	581 731	1 252 001	1 397 107	1 201 570	2 112 162	166 310	226 411
	DMU35	0	0	36	0	888	41	0	72	9 428	17 811	1 867	984
	DMU36	12 575	39 616	104 089	27 968	24 196	59 371	73 506	72 057	58 735	108 855	12 576	7 281

续表

投入＼产出		中间使用											
		DMU10	DMU11	DMU12	DMU13	DMU14	DMU15	DMU16	DMU17	DMU18	DMU19	DMU20	DMU21
中间投入	DMU37	114 567	80 801	308 754	93 292	231 278	148 980	235 008	109 743	93 066	138 526	26 350	22 964
	DMU38	268 885	365 568	1 037 801	260 978	863 660	291 743	515 548	286 726	257 005	246 181	68 028	44 942
	DMU39	80 413	35 005	188 137	70 589	82 243	93 610	145 737	95 063	47 976	47 867	18 900	14 232
	DMU40	65 204	32 837	145 466	45 253	189 449	50 219	155 954	132 732	11 775	53 368	9 240	4 277
	DMU41	116 071	38 818	367 790	213 003	111 386	76 773	232 876	89 123	110 469	124 863	50 391	55 701
	DMU42	0	0	0	0	0	0	0	0	0	0	0	0
	废水产生量	321 205	54 869	422 134	44 483	224 318	14 124	26 376	24 493	11 207	16 936	2 102	2 525
	废气产生量	286	222	879	4 707	3 097	18	52	63	36	6	2	3
	固体废物产生量	1 080	1 302	6 712	1 966	17 839	106	374	342	93	80	8	105
总投入		39 489 398	70 501 802	60 846 186	215 726 168	58 045 337	153 676 939	59 976 479	129 973 097	96 466 983	71 216 365	16 892 786	20 507 401

附表 1-3 中国 2002 年绿色投入产出表（中间使用为 DMU22—DMU33）

投入＼产出		中间使用											
		DMU22	DMU23	DMU24	DMU25	DMU26	DMU27	DMU28	DMU29	DMU30	DMU31	DMU32	DMU33
中间投入	煤资源动用量	0	0	0	0	0	0	0	0	0	0	0	0
	石油资源动用量	0	0	0	0	0	0	0	0	0	0	0	0
	天然气资源动用量	0	0	0	0	0	0	0	0	0	0	0	0
	DMU01	0	19 874	38 367	15	22 792 790	1 310 766	0	12 445	2 471 590	10 168 727	0	11 607
	DMU02	0	12 878 629	869 432	11 578	224 324	409 147	10 222	68 340	200 210	252 872	26 548	285 555

续表

投入 \ 产出		中间使用											
		DMU22	DMU23	DMU24	DMU25	DMU26	DMU27	DMU28	DMU29	DMU30	DMU31	DMU32	DMU33
中间投入	煤资源动用量	0	0	0	0	0	0	0	0	0	0	0	0
	石油资源动用量	0	0	0	0	0	0	0	0	0	0	0	0
	天然气资源动用量	0	0	0	0	0	0	0	0	0	0	0	0
	DMU03	0	63 4150	157 373	184	0	260 824	0	0	0	42 017	0	303
	DMU04	0	40 687	0	0	0	0	0	0	0	0	0	0
	DMU05	0	12 247	0	1 942	6 779 928	94 256	0	0	0	0	0	22 258
	DMU06	0	0	0	0	245 300	359 399	141	25 010	1 962 626	16 068 041	9 888	880
	DMU07	0	11 947	519	1 261	618 187	148 062	20 038	77 938	65 784	134 314	16 776	2 657
	DMU08	0	185 919	22 413	20 903	437 441	335 817	113 114	51 020	1 570 695	277 681	254 113	40 875
	DMU09	0	62 097	3 818	9 897	9 042 651	155 001	17 129	33 985	795 451	168 626	152 203	167 237
	DMU10	0	168 311	11 160	23 784	257 188	480 157	591 881	1 652 261	6 116 347	231 916	1 384 860	148 466
	DMU11	0	3 281 843	382 693	13 669	7 102 306	17 773 198	69 698	36 218	2 298 006	322 928	249 149	209 718
	DMU12	0	523 465	36 715	233 936	10 510 096	1 330 886	35 398	294 352	3 379 819	588 283	331 168	114 190
	DMU13	0	162 629	8 553	17 113	30 483 705	202 901	52 926	13 292	210 915	185 876	84 622	864 247
	DMU14	0	202 639	9 954	11 529	32 374 394	510 819	9 814	5 522	97 716	9 019	0	205 448
	DMU15	0	365 553	22 736	169 189	14 394 308	299 111	4 831	525 859	512 649	149 491	145 797	214 382
	DMU16	0	2 870 165	95 083	154 975	12 540 146	3 355 607	219 511	809 389	2 708 001	127 744	620 866	522 318
	DMU17	0	611 123	64 826	75 278	1 031 902	9 328 830	244 031	1 233 694	5 214 199	57 326	511 802	618 080
	DMU18	0	2 345 500	14 094	39 337	8 304 271	482 618	28 783	3 743 824	2 442 942	416 046	178 265	612 398
	DMU19	0	354 253	9 850	27 096	785 341	437 131	59 027	5 947 491	2 980 077	51 830	803 346	51 691

续表

		中间使用											
投入\产出		DMU22	DMU23	DMU24	DMU25	DMU26	DMU27	DMU28	DMU29	DMU30	DMU31	DMU32	DMU33
中间投入	DMU20	0	1 192 446	12 745	25 707	3 210 369	217 112	4 215	1 286 267	198 054	4 534	519 918	24 502
	DMU21	0	37 633	15 633	28 522	1 425 169	177 409	14 898	104 733	253 105	196 560	60 073	13 478
	DMU22	0	0	0	0	0	0	0	0	0	0	0	0
	DMU23	0	2 591 734	180 253	1 024 636	3 842 127	1 779 019	106 990	1 242 443	2 844 638	1 451 153	705 087	449 553
	DMU24	0	61 704	163 727	19 181	31 913	148 064	6 429	27 759	86 348	189 439	11 412	27 672
	DMU25	0	186 144	16 953	233 597	312 579	190 450	18 431	131 574	280 878	259 902	87 817	45 107
	DMU26	0	69 049	2 022	8 389	337 570	1 662 497	290 653	529 239	1 177 622	1 116 727	1 107 768	2 950 825
	DMU27	0	3 147 287	224 949	63 040	12 695 503	15 777 321	339 969	507 623	5 216 994	1 112 134	1 746 943	676 354
	DMU28	0	13 690	1 509	2 443	25 132	72 003	22 893	34 699	297 411	18 608	306 576	3 360
	DMU29	0	349 795	55 409	129 934	11 125 176	1 196 197	146 591	1 080 568	3 645 763	574 417	3 189 972	413 900
	DMU30	0	3 053 293	218 112	126 298	12 368 255	2 577 177	225 749	1 774 259	3 557 309	3 844 392	558 355	394 122
	DMU31	0	191 145	74 775	32 086	1 625 878	1 388 328	42 644	372 049	4 774 745	711 791	2 259 501	1 048 482
	DMU32	0	2 147 256	28 922	116 898	2 343 525	7 093 621	124 881	451 090	9 788 086	1 384 345	4 952 907	5 646 185
	DMU33	0	17 966	4 012	1 000	44 790	244 184	38 586	521 036	3 294 504	503 567	3 055 167	696 231
	DMU34	0	176 816	21 540	30 626	3 728 396	1 370 998	35 859	460 862	5 284 802	1 233 016	1 668 182	2 692 809
	DMU35	0	381	75	81	0	17 450	0	22 882	0	46 757	19 758	29 853
	DMU36	0	16 204	680	905	21 814	6 212	11 072	164 326	50 126	490	9 902	3 234
	DMU37	0	255 823	3 826	35 581	2 852 382	76 845	584	39 834	546 222	11 929	57 349	99 432
	DMU38	0	777 073	64 513	88 222	302 850	581 528	18 959	372 056	3 322 277	215 543	222 626	127 768
	DMU39	0	71 679	5 505	16 167	245 461	295 991	45 703	54 079	358 881	139 441	368 877	59 803

续表

投入 \ 产出		DMU22	DMU23	DMU24	DMU25	DMU26	DMU27	DMU28	DMU29	DMU30	DMU31	DMU32	DMU33
		中间使用											
中间投入	DMU40	0	105 778	7 740	1 320	107 244	203 520	397	9 661	25 320	18 303	216 721	4 479
	DMU41	0	112 457	37 220	19 961	153 182	58 412	81 123	366 346	193 127	72 545	308 898	88 493
	DMU42	0	0	0	0	0	0	0	0	0	0	0	0
	废水产生量	0	209 107	3 977	9 194	0	0	0	0	0	0	0	0
	废气产生量	0	12 630	70	3	0	0	0	0	0	0	0	0
	固体废物产生量	0	16 969	132	10	0	0	0	0	0	0	0	0
总投入		8 417 752	79 116 903	3 637 767	5 664 668	281 326 817	140 959 758	5 104 534	55 135 547	171 449 131	71 460 887	73 139 316	73 536 925

附表 1-4　中国 2002 年绿色投入产出表（中间使用为 DMU34—DMU42）

投入 \ 产出		DMU34	DMU35	DMU36	DMU37	DMU38	DMU39	DMU40	DMU41	DMU42	废水治理部门	废气治理部门	固体废物治理部门
		中间使用											
	煤资源动用量	0	0	0	0	0	0	0	0	0	0	0	0
	石油资源动用量	0	0	0	0	0	0	0	0	0	0	0	0
	天然气资源动用量	0	0	0	0	0	0	0	0	0	0	0	0
中间投入	DMU01	89 111	4 885	28 062	144 646	420 798	364 693	114 944	131 382	0	682	666	154
	DMU02	49 354	357	42 704	72 902	573 896	717 663	131 805	16 903	251 714	2 793	2 727	629
	DMU03	3 545	200	701	1 796	27 467	0	4 345	9 892	22 302	338	330	76
	DMU04	0	0	47 830	31 973	0	0	0	0	0	2 651	2 588	597
	DMU05	0	0	1 264	16 149	20 108	26 607	5 855	3 366	11 012	280	273	63
	DMU06	180 622	5 821	19 396	24 525	993 768	626 787	116 380	1 091 750	0	1	1	0
	DMU07	51 168	2 631	59 665	11 591	3 740 535	242 259	168 677	143 551	3 533 351	9 156	8 938	2 062

续表

投入＼产出		中间使用											
		DMU34	DMU35	DMU36	DMU37	DMU38	DMU39	DMU40	DMU41	DMU42	废水治理部门	废气治理部门	固体废物治理部门
中间投入	DMU08	153 222	9 230	3 890	40 467	312 945	41 735	90 260	58 271	335 586	1 505	1 469	339
	DMU09	63 438	2 018	29 587	69 799	1 320 988	1 039 243	207 379	157 243	1 915 626	1 776	1 734	400
	DMU10	3 731 145	32 073	76 142	200 825	1 422 053	3 195 713	219 065	2 039 303	4 130 927	4 291	4 189	966
	DMU11	170 966	32 197	79 527	149 861	1 051 395	241 821	104 619	150 992	815 955	3 225	3 149	726
	DMU12	242 914	7 550	137 062	262 568	3 095 387	788 731	12 637 994	393 303	727 097	24 734	24 147	5 570
	DMU13	31 959	680	35 046	252 967	259 042	348 635	107 618	79 916	228 127	3 529	3 445	795
	DMU14	31 685	211	50 234	145 194	191 143	86 453	8 157	15 364	0	148 777	145 244	33 502
	DMU15	937 313	386	151 639	266 236	171 773	199 751	87 442	29 525	643 666	28 218	27 547	6 354
	DMU16	1 049 808	6 734	188 335	562 060	427 692	499 003	1 330 708	73 391	141 241	105 360	102 857	23 725
	DMU17	1 436 716	45 685	55 492	198 084	1 569 396	417 691	43 267	227 873	1 720 719	4 934	4 817	1 111
	DMU18	1 782 712	2 138	405 945	104 865	238 570	306 363	84 711	75 947	160 284	29 247	28 552	6 586
	DMU19	7 511 639	2 685	917 469	454 374	853 067	436 366	83 408	138 319	394 538	23 972	23 402	5 398
	DMU20	57 060	10 604	169 164	181 802	914 271	544 770	216 296	68 048	245 084	4 765	4 652	1 073
	DMU21	158 346	2 402	35 246	58 348	478 630	155 149	94 496	42 150	184 289	1 752	1 711	395
	DMU22	0	0	0	0	0	0	0	0	0	992	969	223
	DMU23	426 459	29 206	153 840	240 829	702 812	2 023 744	548 825	181 923	1 201 591	16 787	16 388	3 780
	DMU24	32 490	1 121	1 936	6 267	79 470	58 884	17 991	22 489	35 577	256	249	58
	DMU25	52 636	9 736	14 139	57 021	130 114	358 604	80 570	40 436	105 005	691	674	156
	DMU26	188 045	52 247	19 371	613 788	1 117 515	3 190 396	758 583	205 867	1 558 064	347	339	78
	DMU27	1 126 683	1 172 131	236 783	588 865	958 053	1 721 448	332 428	526 566	3 155 009	24 450	23 869	5 506

续表

投入＼产出		中间使用											
		DMU34	DMU35	DMU36	DMU37	DMU38	DMU39	DMU40	DMU41	DMU42	废水治理部门	废气治理部门	固体废物治理部门
中间投入	DMU28	83 564	14 253	6 022	12 178	40 083	176 022	139 226	156 970	812 892	325	318	73
	DMU29	618 150	97 668	82 820	343 619	470 999	890 135	316 625	662 940	3 044 762	9 512	9 286	2 142
	DMU30	1 803 939	26 371	190 600	387 169	1 756 300	1 312 493	1 363 492	684 419	1 679 445	24 068	23 497	5 420
	DMU31	1 051 624	806 813	168 850	814 924	657 032	1 357 054	316 659	366 368	5 969 634	6 551	6 395	1 475
	DMU32	1 434 032	137 613	39 423	863 086	954 505	210 853	97 421	137 991	2 698 941	13 662	13 337	3 076
	DMU33	514 864	7 774	9 287	43 197	1 219 204	314 822	115 705	197 815	7 333 445	1 131	1 105	255
	DMU34	974 417	65 458	107 172	283 462	373 428	407 971	159 275	280 057	590 608	8 952	8 740	2 016
	DMU35	20 875	559 299	567	6 343	35 467	100 259	2 251	41 994	599 075	206	201	46
	DMU36	17 018	68	112 290	53 140	1 353	213 935	16 408	3 807	66 424	1 613	1 574	363
	DMU37	7 126	2 235	38 855	897 921	38 343	122 992	32 846	7 145	112 023	2	2	1
	DMU38	456 965	147 126	50 108	313 058	2 142 773	545 637	97 881	106 805	1 049 200	1 955	1 908	440
	DMU39	91 577	12 111	24 585	58 195	69 716	178 410	108 416	42 034	590 907	649	633	146
	DMU40	8 444	580	71 048	82 527	33 278	214 994	102 948	61 547	199 047	1 635	1 597	368
	DMU41	447 183	16 733	40 355	162 753	185 280	562 534	150 428	692 650	587 864	1 440	1 406	324
	DMU42	0	0	0	0	0	0	0	0	0	0	0	0
	废水产生量	0	0	0	0	0	0	0	0	0	0	0	0
	废气产生量	0	0	0	0	0	0	0	0	0	0	0	0
	固体废物产生量	0	0	0	0	0	0	0	0	0	0	0	0
总投入		44 633 847	7 301 688	7 337 544	21 811 167	53 431 602	62 955 832	41 305 057	17 609 595	95 754 579	2 370 715	2 768 776	638 645

附录 2　中国 2005 年绿色投入产出表（单位：万元）

附表 2-1　中国 2005 年绿色投入产出表（中间使用为 DMU01—DMU09）

投入 \ 产出		中间使用											
		煤资源恢复部门	石油资源恢复部门	天然气源恢复部门	DMU01	DMU02	DMU03	DMU04	DMU05	DMU06	DMU07	DMU08	DMU09
中间投入	煤资源动用量	0	0	0	0	734 963	0	0	0	0	0	0	0
	石油资源动用量	0	0	0	0	0	56 743	0	0	0	0	0	0
	天然气资源动用量	0	0	0	0	0	627	0	0	0	0	0	0
	DMU01	391 165	786 295	0	47 764 329	578 412	96	160 002	25 020	79 178 564	22 858 727	3 626 502	5 793 175
	DMU02	65 739	132 145	0	849 457	1 514 579	254 294	118 488	51 183	567 688	520 340	83 195	336 856
	DMU03	38 331	77 050	0	5 963	15 358	295 598	52 960	78 319	35 116	89 709	0	0
	DMU04	28 741	57 773	0	0	0	0	1 603 213	0	0	0	0	0
	DMU05	24 702	49 655	0	93 689	52 945	3 814	20 134	1 188 059	159 441	0	0	0
	DMU06	239 131	581 192	0	28 304 913	8 291	23 214	12 595	0	37 775 848	55 127	4 408 874	2 281
	DMU07	179 905	361 633	0	244 464	47 347	102 741	23 076	23 153	312 892	49 955 005	31 656 903	696 557
	DMU08	149 806	301 130	0	60 947	269 746	206 081	153 649	130 839	177 016	451 947	18 470 327	1 144 178
	DMU09	78 850	158 500	0	817 182	523 036	61 261	65 958	47 924	236 330	122 706	184 611	14 391 806
	DMU10	165 698	333 076	0	533 060	114 415	110 269	99 435	120 113	4 868 689	884 644	1 550 748	779 616
	DMU11	120 412	242 043	0	2 771 928	849 406	1 022 067	1 914 902	811 498	451 643	427 726	270 090	481 156
	DMU12	626 825	1 260 002	0	24 882 100	1 759 899	750 683	1 495 402	2 366 597	7 252 297	15 715 214	6 211 120	4 946 382
	DMU13	215 972	434 132	0	1 159 556	784 381	231 185	279 464	317 343	1 691 617	323 379	319 716	379 984

续表

投入＼产出		中间使用											
		煤资源恢复部门	石油资源恢复部门	天然气源恢复部门	DMU01	DMU02	DMU03	DMU04	DMU05	DMU06	DMU07	DMU08	DMU09
中间投入	DMU14	808 528	1 625 249	0	259 284	2 971 384	849 837	596 945	160 934	389 700	148 659	214 850	986 705
	DMU15	255 556	513 701	0	887 010	1 487 816	393 768	633 969	205 576	1 646 486	260 238	418 881	1 151 792
	DMU16	783 453	1 574 845	0	2 631 142	2 629 519	1 204 455	1 178 994	1 095 465	757 180	2 149 345	442 681	518 419
	DMU17	287 294	577 499	0	1 300 334	681 896	458 824	639 917	563 688	621 483	309 331	166 544	268 559
	DMU18	479 111	963 078	0	259 403	1 826 984	839 026	258 821	237 185	308 917	524 667	219 632	222 250
	DMU19	720 034	1 447 365	0	105 886	236 810	207 061	102 443	67 579	173 408	328 027	237 749	93 933
	DMU20	65 999	132 667	0	128 322	491 589	607 293	138 299	70 198	167 528	155 669	185 798	113 468
	DMU21	58 768	118 132	0	396 681	320 403	61 867	138 900	146 951	305 807	438 895	353 624	199 246
	DMU22	44 776	90 006	0	0	626	621	1 243	914	63 886	9 027	6 522	26 585
	DMU23	287 712	578 341	0	4 707 909	7 976 363	3 220 414	4 304 939	1 665 709	2 979 930	4 413 683	1 000 191	1 644 174
	DMU24	9 594	19 286	0	13 260	643	50 260	43 289	12 434	94 516	35 483	13 295	11 181
	DMU25	12 092	24 307	0	108 287	87 677	55 633	75 874	52 515	184 202	136 916	59 204	72 121
	DMU26	413 982	832 160	0	435 103	145 405	44 245	23 854	12 971	55 296	49 789	45 174	15 712
	DMU27	380 675	765 207	0	7 912 791	3 470 393	821 769	1 260 551	2 077 698	6 582 133	2 916 263	2 767 457	2 806 310
	DMU28	11 487	23 091	0	138 473	48 849	11 237	10 299	8 386	80 892	83 881	99 442	31 185
	DMU29	147 015	295 520	0	568 266	868 931	351 522	115 596	820 645	1 088 191	890 980	1 370 211	600 017
	DMU30	327 982	659 287	0	4 200 795	1 175 851	393 047	488 153	443 585	6 232 482	2 653 270	2 684 722	1 658 885
	DMU31	149 724	300 965	0	686 221	846 419	222 789	298 352	368 324	978 012	1 283 284	647 795	393 269
	DMU32	147 813	297 123	0	3 699 769	837 585	708 581	301 102	276 506	1 462 207	1 154 523	736 863	470 045
	DMU33	105 589	212 249	0	74 195	45 634	9 753	8 158	15 456	177 883	152 794	302 736	143 242

续表

投入＼产出		中间使用											
		煤资源恢复部门	石油资源恢复部门	天然气源恢复部门	DMU01	DMU02	DMU03	DMU04	DMU05	DMU06	DMU07	DMU08	DMU09
中间投入	DMU34	157 064	315 720	0	855 781	773 865	610 090	188 779	275 404	5 177 785	1 277 729	4 581 570	870 760
	DMU35	22 243	44 712	0	86 239	36 554	120 069	21 070	18 467	63 391	17 708	24 475	9 412
	DMU36	62 443	125 519	0	2 666 279	759 187	461 903	315 622	105 632	444 156	221 816	192 264	60 939
	DMU37	21 924	44 070	0	628 499	155 087	80 016	40 832	20 994	30 327	23 152	14 190	2 577
	DMU38	80 861	162 541	0	825 901	664 859	373 373	188 032	145 552	642 424	704 295	431 835	136 752
	DMU39	98 086	197 166	0	259 082	309 218	58 182	77 217	50 994	129 077	133 359	83 248	38 105
	DMU40	117 570	236 331	0	251 069	828 243	21 655	330 492	23 295	1 058 301	201 765	972 326	65 138
	DMU41	45 715	91 894	0	59 845	120 810	69 962	130 454	135 836	391 122	249 106	322 724	153 082
	DMU42	142 388	286 220	0	0	0	0	0	0	0	0	0	0
	废水产生量	0	0	0	0	46 650	11 252	45 375	13 464	208 007	172 232	27 523	7 366
	废气产生量	0	0	0	0	214	26	135	86	281	173	27	57
	固体废物产生量	0	0	0	0	18 248	149	29 041	1 276	2 533	690	115	197
总投入		11 327 261	24 253 039	0	329 500 299	48 767 329	30 914 984	19 450 560	19 609 767	236 739 695	148 261 039	120 454 150	57 760 790

附表 2-2 中国 2005 年绿色投入产出表（中间使用为 DMU10—DMU21）

投入	产出	中间使用											
		DMU10	DMU11	DMU12	DMU13	DMU14	DMU15	DMU16	DMU17	DMU18	DMU19	DMU20	DMU21
	煤资源动用量	0	0	0	0	0	0	0	0	0	0	0	0
	石油资源动用量	0	0	0	0	0	0	0	0	0	0	0	0
	天然气资源动用量	0	0	0	0	0	0	0	0	0	0	0	0
中间投入	DMU01	3 175 220	9 534	12 739 664	117 837	16 477	39 299	37 787	12 239	3 749	6 812	667	3 626 495
	DMU02	481 282	3 214 972	3 646 084	3 694 921	4 642 445	163 661	663 149	181 734	75 827	30 634	33 760	321 505
	DMU03	31 080	31 419 577	2 881 761	229 418	310 461	98 221	139 203	90 707	48 329	44 277	1 509	663
	DMU04	0	0	1 154 011	232 864	19 152 966	1 243 115	454 948	67 592	182 554	8 742	18 719	5 163
	DMU05	3 441	0	4 951 850	7 389 039	1 704 301	181 921	145 588	36 880	50 866	10 158	3 394	67 205
	DMU06	23 919	0	3 185 866	3 235	0	0	634 167	521 147	495 455	710 258	80 679	247 300
	DMU07	1 913 757	8 087	1 221 323	758 658	99 316	256 394	483 310	378 630	282 147	127 305	45 292	2 941 155
	DMU08	832 836	81 396	1 331 296	448 591	421 793	171 156	558 264	2 020 944	354 176	425 917	93 760	127 282
	DMU09	1 632 565	30 661	722 332	824 718	163 127	1 139 628	813 276	1 821 678	444 898	394 919	84 157	528 298
	DMU10	27 984 256	82 323	4 905 050	4 234 429	350 469	698 168	1 186 772	751 112	2 329 690	2 428 054	390 629	1 390 502
	DMU11	595 588	7 010 787	7 399 182	4 017 843	7 525 594	703 328	1 732 864	657 589	575 110	478 093	67 708	394 996
	DMU12	12 729 222	3 317 966	139 011 271	10 082 123	4 269 208	2 864 804	8 716 951	11 072 596	14 570 189	15 707 272	3 194 060	2 766 018
	DMU13	346 193	245 478	2 560 486	19 314 071	6 393 024	1 057 784	1 404 548	1 449 601	2 853 703	5 035 292	1 076 130	650 889
	DMU14	985 724	995 127	2 636 686	3 523 493	74 496 709	27 908 404	41 519 751	19 307 299	36 633 863	5 623 110	987 788	1 718 423
	DMU15	1 448 017	248 267	2 786 631	3 787 168	2 514 759	10 798 619	10 135 028	3 433 572	7 533 771	6 476 836	1 224 835	1 404 177

续表

投入＼产出		中间使用											
		DMU10	DMU11	DMU12	DMU13	DMU14	DMU15	DMU16	DMU17	DMU18	DMU19	DMU20	DMU21
中间投入	DMU16	1 216 728	1 384 541	3 950 718	4 179 887	6 304 353	1 442 412	56 209 371	20 692 433	7 938 589	3 105 733	912 239	243 251
	DMU17	821 961	242 918	1 045 713	377 305	1 965 654	394 687	4 261 779	79 894 517	542 108	1 007 757	207 951	129 723
	DMU18	564 451	536 412	1 556 504	1 031 748	1 654 530	537 144	13 401 844	7 567 304	24 490 557	10 477 575	1 968 557	291 572
	DMU19	1 220 412	213 455	1 175 887	625 478	365 761	230 629	7 013 339	2 874 732	12 490 378	179 138 789	10 282 468	200 058
	DMU20	255 687	165 094	1 546 722	478 540	626 986	161 977	1 487 208	2 282 040	1 028 431	1 427 195	3 588 050	94 119
	DMU21	484 681	90 843	918 984	553 952	1 011 873	346 878	1 590 443	571 546	816 608	733 051	286 668	1 886 363
	DMU22	1 991 387	11 472	156 612	602 312	10 174 405	137 176	2 111 852	98 502	992 305	171 848	1 082	49 502
	DMU23	3 243 792	4 101 466	30 420 015	14 251 599	21 442 966	4 923 124	5 909 613	2 462 271	1 860 936	2 702 417	271 935	821 236
	DMU24	23 133	69 801	201 116	207 017	269 686	15 323	172 214	105 809	92 230	104 114	16 494	50 407
	DMU25	204 902	114 908	608 022	237 689	359 752	108 412	139 618	153 082	99 569	142 042	34 355	29 319
	DMU26	38 965	21 508	178 410	101 993	137 208	23 605	81 137	74 462	39 926	41 910	8 354	110 137
	DMU27	4 161 077	5 060 577	12 305 252	7 892 982	11 125 901	3 295 812	6 714 883	4 070 828	3 880 147	3 959 380	669 214	1 011 313
	DMU28	62 832	6 810	222 574	51 372	34 596	39 593	227 175	42 959	115 981	89 745	31 133	20 082
	DMU29	484 168	355 172	2 913 791	1 586 123	1 912 900	2 251 778	1 231 952	768 320	844 756	2 301 862	168 379	461 224
	DMU30	3 535 180	5 225 509	7 375 466	3 687 068	6 150 985	1 645 988	6 809 540	6 898 138	4 636 182	8 677 794	854 573	1 070 140
	DMU31	1 258 903	156 865	2 129 299	1 592 653	701 068	863 850	1 872 279	786 491	1 190 376	713 751	248 071	279 612
	DMU32	1 108 066	540 956	3 067 118	3 011 941	1 801 379	479 365	2 478 548	1 463 139	1 619 191	5 481 949	202 301	319 148
	DMU33	207 167	25 011	421 615	95 897	58 813	138 214	522 371	226 286	369 872	486 550	144 781	62 069
	DMU34	1 224 335	541 165	6 647 782	2 071 311	923 496	1 147 765	1 806 717	2 273 021	2 859 873	2 673 238	300 820	486 429

续表

投入＼产出		中间使用											
		DMU10	DMU11	DMU12	DMU13	DMU14	DMU15	DMU16	DMU17	DMU18	DMU19	DMU20	DMU21
中间投入	DMU35	24 777	65 578	243 854	91 515	52 212	137 714	647 924	1 158 245	460 739	1 327 496	113 033	17 270
	DMU36	254 479	133 351	730 679	323 657	52 212	340 135	881 965	845 175	507 996	680 993	112 114	55 030
	DMU37	4 419	3 554	156 466	19 938	28 176	5 715	129 266	81 877	59 701	74 115	12 258	2 056
	DMU38	490 235	593 842	2 019 034	768 393	1 793 870	516 294	488 644	347 893	227 856	243 833	50 419	88 058
	DMU39	135 658	46 526	346 318	198 898	152 349	156 821	211 658	101 491	60 251	64 560	17 651	25 079
	DMU40	174 682	78 314	490 481	211 864	763 317	140 189	833 785	512 777	341 403	180 447	62 605	11 063
	DMU41	254 797	68 111	893 508	790 182	275 869	162 479	501 697	251 981	256 338	300 391	60 715	149 369
	DMU42	0	0	0	0	0	0	26 073	18 929	13 364	18 407	2 980	0
	废水产生量	369 902	68 122	436 024	48 248	203 668	21 057	26 976	24 653	8 108	18 745	7 241	2 160
	废气产生量	328	455	1 238	5 408	4 359	15	81	65	11	15	4	3
	固体废物产生量	1 260	1 841	9 953	3 237	28 285	121	646	337	42	98	56	9
总投入		107 929 688	81 461 632	347 626 561	153 712 925	228 121 121	93 981 124	240 388 435	185 771 026	157 271 175	332 088 928	39 761 690	33 293 616

附表 2-3　中国 2005 年绿色投入产出表（中间使用为 DMU22—DMU33）

投入 \ 产出		中间使用											
		DMU22	DMU23	DMU24	DMU25	DMU26	DMU27	DMU28	DMU29	DMU30	DMU31	DMU32	DMU33
中间投入	煤资源动用量	0	0	0	0	0	0	0	0	0	0	0	0
	石油资源动用量	0	0	0	0	0	0	0	0	0	0	0	0
	天然气资源动用量	0	0	0	0	0	0	0	0	0	0	0	0
	DMU01	0	52 953	51 472	24	31 698 970	2 886 246	0	19 782	1 624 345	11 989 485	0	9 759
	DMU02	0	28 271 182	1 309 472	17 395	232 792	417 863	9 214	95 017	115 144	366 751	32 535	217 666
	DMU03	0	541 582	167 113	253	0	369 938	0	0	0	55 280	0	212
	DMU04	0	87 846	0	0	0	0	0	0	0	0	0	0
	DMU05	0	31 430	0	3 068	5 803 658	37 576	0	0	0	0	0	17 624
	DMU06	0	0	0	0	303 227	689 089	157	40 684	1 598 116	25 951 558	13 820	770
	DMU07	0	33 299	727	2 158	748 959	288 333	20 653	182 984	43 496	213 540	23 329	2 316
	DMU08	0	549 536	32 875	37 155	549 072	629 310	127 356	127 608	1 053 007	538 841	357 277	37 130
	DMU09	0	170 189	5 249	16 606	9 378 478	244 332	17 219	76 575	513 818	239 873	202 677	143 487
	DMU10	0	471 196	15 334	40 194	304 957	927 202	715 029	2 597 649	4 050 204	347 326	1 702 963	121 139
	DMU11	0	10 617 509	578 413	22 995	4 591 629	26 838 251	73 665	80 390	1 379 178	574 223	329 676	180 503
	DMU12	0	1 461 905	50 340	393 253	11 460 763	2 421 313	34 203	646 627	2 235 270	1 026 993	438 994	95 701
	DMU13	0	553 111	14 215	34 517	78 955 412	420 935	65 843	29 351	170 278	304 982	139 216	952 170
	DMU14	0	519 586	12 575	17 719	21 004 924	658 446	9 035	12 234	57 991	10 638	0	161 729
	DMU15	0	1 055 562	31 343	279 154	14 782 038	511 691	4 818	871 947	330 672	207 386	196 996	184 126

续表

投入＼产出		中间使用											
		DMU22	DMU23	DMU24	DMU25	DMU26	DMU27	DMU28	DMU29	DMU30	DMU31	DMU32	DMU33
中间投入	DMU16	0	8 214 198	118 717	237 008	10 887 782	4 259 600	213 726	1 286 870	1 719 500	167 160	760 263	394 553
	DMU17	0	1 884 553	96 332	131 987	1 264 241	17 313 511	277 104	2 632 167	3 447 981	82 678	703 314	564 908
	DMU18	0	14 666 262	21 037	71 440	10 377 493	750 603	31 661	9 418 227	1 806 611	728 887	253 019	592 712
	DMU19	0	1 097 401	14 537	49 017	834 834	643 163	57 825	13 132 565	1 597 296	82 640	1 233 248	47 831
	DMU20	0	5 290 540	19 663	48 151	5 236 889	420 908	4 424	3 488 109	145 056	9 466	680 443	20 689
	DMU21	0	99 888	20 686	48 132	1 521 404	226 834	13 318	192 666	142 958	366 757	80 375	11 475
	DMU22	0	0	0	0	0	0	0	0	0	0	0	0
	DMU23	0	13 307 251	317 847	2 015 873	6 495 192	3 582 270	147 174	3 717 280	2 788 457	3 506 794	1 406 261	975 702
	DMU24	0	173 458	240 151	33 061	38 834	267 046	6 635	68 670	57 426	288 650	16 201	24 372
	DMU25	0	427 271	22 124	323 981	313 578	289 023	17 595	271 885	163 864	399 467	107 065	36 339
	DMU26	0	163 754	2 446	12 364	333 273	1 817 516	288 547	894 214	606 050	1 487 924	1 186 197	1 743 749
	DMU27	0	7 067 478	327 975	120 060	14 205 337	29 128 537	438 651	1 097 146	3 781 354	1 958 625	3 005 674	817 145
	DMU28	0	35 508	1 982	3 916	28 271	122 166	21 993	65 114	177 123	24 526	365 086	2 745
	DMU29	0	1 128 368	86 137	240 448	14 028 596	2 141 675	177 020	2 321 195	2 642 287	1 201 950	5 036 572	400 439
	DMU30	0	5 095 021	188 614	127 714	5 108 059	2 282 412	148 290	1 727 654	1 276 262	2 338 716	440 774	205 179
	DMU31	0	628 088	114 425	60 232	2 156 859	3 239 779	53 266	952 806	3 636 189	1 957 573	3 842 013	1 238 768
	DMU32	0	4 857 872	29 818	144 339	1 977 060	10 343 842	105 785	613 582	4 404 492	1 920 023	6 203 987	4 539 058
	DMU33	0	37 095	4 173	1 270	40 012	312 360	29 668	669 208	1 465 944	449 533	2 843 921	449 342
	DMU34	0	621 526	34 564	59 603	8 760 842	3 083 889	42 421	1 361 927	6 263 539	2 539 264	3 203 078	3 369 527
	DMU35	0	61 249	1 125	1 832	33 723	12 426	13 870	658 815	43 330	782	17 001	3 351
	DMU36	0	1 598 178	6 449	11 258	1 877 531	182 994	710	84 140	612 393	33 209	101 945	114 621

续表

投入＼产出		中间使用											
		DMU22	DMU23	DMU24	DMU25	DMU26	DMU27	DMU28	DMU29	DMU30	DMU31	DMU32	DMU33
中间投入	DMU37	0	152 158	63	52 471	1 971 072	580 451	44	17 402	256 599	15 012	128 689	50 369
	DMU38	0	3 170 719	104 037	169 541	418 268	589 307	21 785	1 023 906	2 767 598	503 163	186 112	73 618
	DMU39	0	229 715	7 952	28 757	353 133	497 190	50 302	128 741	275 220	305 107	565 137	55 148
	DMU40	0	1 017 809	14 909	2 955	408 138	556 762	524	34 051	23 655	35 833	517 194	5 160
	DMU41	0	448 743	73 015	47 054	260 467	135 954	119 899	1 342 659	179 986	143 343	582 522	107 619
	DMU42	0	0	0	0	0	0	0	0	0	0	0	0
	废水产生量	235	251 145	4 099	18 819	0	0	0	0	0	0	0	0
	废气产生量	0	18 553	32	3	0	0	0	0	0	0	0	0
	固体废物产生量	10	25 638	119	22	0	0	0	0	0	0	0	0
总投入		8 943 998	188 586 478	6 497 425	8 465 056	348 023 928	241 213 751	6 625 993	100 698 729	186 830 769	105 188 930	94 694 152	82 861 035

附表 2-4 中国 2005 年绿色投入产出表（中间使用为 DMU34—DMU42）

投入＼产出		中间使用											
		DMU34	DMU35	DMU36	DMU37	DMU38	DMU39	DMU40	DMU41	DMU42	废水治理部门	废气治理部门	固体废物治理部门
	煤资源动用量	0	0	0	0	0	0	0	0	0	0	0	0
	石油资源动用量	0	0	0	0	0	0	0	0	0	0	0	0
	天然气资源动用量	0	0	0	0	0	0	0	0	0	0	0	0
中间投入	DMU01	230 207	55 291	442 578	183 651	389 939	454 128	333 990	179 719	0	459	732	94
	DMU02	109 087	74 028	220 683	119 799	528 150	784 767	354 585	21 910	244 055	2 039	3 247	418
	DMU03	7 606	1 131	6 006	15 779	13 166	0	9 564	10 443	19 855	384	611	79
	DMU04	0	72 815	12 242	26 228	0	0	0	0	0	1 609	2 562	330
	DMU05	0	2 318	44 253	8 613	16 835	30 124	15 439	4 851	11 259	796	1 268	163
	DMU06	476 880	40 681	31 645	135 474	1 272 189	828 433	352 413	1 654 658	0	2 132	3 396	437
	DMU07	134 296	118 192	28 472	50 129	5 429 319	308 228	509 138	217 014	4 177 474	9 087	14 473	1 863
	DMU08	418 399	8 371	106 483	59 819	383 315	57 435	272 596	94 546	462 761	3 148	5 013	645
	DMU09	166 111	58 073	114 896	107 842	1 624 800	1 311 198	603 740	242 805	2 083 331	4 377	6 971	898
	DMU10	8 025 089	148 260	760 135	140 443	1 710 519	4 251 773	676 944	3 074 391	4 640 254	9 361	14 909	1 919
	DMU11	422 043	151 445	345 337	1 017 359	471 754	297 800	350 774	222 907	865 115	6 107	9 726	1 252
	DMU12	626 177	265 176	682 352	462 561	3 677 167	967 581	31 749 286	606 257	808 286	54 631	87 007	11 202
	DMU13	96 202	82 449	567 372	291 308	270 481	529 057	383 052	146 024	305 041	11 577	18 438	2 374
	DMU14	70 102	89 505	371 120	116 636	152 826	94 394	19 587	21 591	0	180 180	286 959	36 946

续表

投入 \ 产出		中间使用											
		DMU34	DMU35	DMU36	DMU37	DMU38	DMU39	DMU40	DMU41	DMU42	废水治理部门	废气治理部门	固体废物治理部门
中间投入	DMU15	2 219 090	285 020	517 754	129 652	162 292	246 870	251 802	43 434	708 419	55 262	88 012	11 331
	DMU16	1 899 905	325 786	1 352 536	460 411	200 266	570 207	5 046 172	100 597	167 736	203 739	324 479	41 776
	DMU17	3 354 263	115 695	685 083	1 613 311	703 628	547 667	127 787	353 009	1 969 490	11 625	18 515	2 384
	DMU18	5 451 208	847 300	349 416	148 775	215 703	417 249	268 848	121 883	194 217	60 551	96 435	12 416
	DMU19	27 333 817	1 815 124	1 993 916	66 109	1 124 925	558 699	249 879	211 265	467 294	78 789	125 481	16 156
	DMU20	142 101	368 231	658 877	119 815	1 025 632	756 079	766 674	118 128	272 805	13 787	21 957	2 827
	DMU21	415 219	70 284	169 455	85 258	525 025	183 746	275 367	58 829	183 274	9 604	15 295	1 969
	DMU22	0	0	0	0	0	0	0	0	0	2 348	3 740	482
	DMU23	1 492 135	348 656	655 208	491 294	882 250	3 756 489	2 454 838	345 821	1 929 058	30 717	48 920	6 298
	DMU24	86 469	3 937	25 554	25 694	79 487	74 126	50 717	32 237	40 405	716	1 141	147
	DMU25	124 170	26 246	112 472	43 737	131 996	374 968	215 279	55 548	106 663	1 188	1 892	244
	DMU26	400 757	33 330	1 264 817	524 689	814 343	2 557 153	2 128 338	271 744	1 188 399	442	704	91
	DMU27	3 095 907	509 657	2 003 330	392 961	1 176 920	2 254 499	1 107 828	1 031 577	2 990 579	38 204	60 844	7 834
	DMU28	199 062	11 325	34 017	6 056	44 958	199 242	358 601	220 001	708 060	572	911	117
	DMU29	1 702 133	177 760	997 401	236 010	529 820	1 297 030	1 146 874	1 138 861	3 792 006	9 825	15 647	2 015
	DMU30	2 043 879	218 587	824 391	246 695	1 106 563	980 460	2 964 025	604 909	1 051 123	34 234	54 522	7 020
	DMU31	3 560 842	387 297	3 616 218	328 956	835 153	2 448 763	1 227 693	666 740	13 617 672	9 895	15 760	2 029
	DMU32	2 688 656	62 471	1 770 345	81 055	966 820	212 635	235 928	160 168	2 293 376	15 786	25 142	3 237
	DMU33	916 913	13 831	122 986	57 069	1 073 550	292 402	345 168	207 825	4 074 042	3 078	4 902	631
	DMU34	4 018 586	244 502	1 508 136	304 845	390 600	803 606	595 637	571 923	1 738 267	13 183	20 996	2 703

续表

投入	产出	中间使用											
		DMU34	DMU35	DMU36	DMU37	DMU38	DMU39	DMU40	DMU41	DMU42	废水治理部门	废气治理部门	固体废物治理部门
中间投入	DMU35	60 985	364 724	266 272	9 233	1 808	602 081	61 880	6 109	110 257	4 489	7 150	921
	DMU36	22 061	100 552	4 546 371	88 344	35 302	217 834	123 806	12 771	172 819	6 278	9 999	1 287
	DMU37	213 768	18 285	156 387	698 681	712 260	155 684	72 081	23 942	1 342 360	115	183	24
	DMU38	1 251 244	93 436	697 482	157 081	2 912 472	668 556	258 115	153 425	196 970	2 745	4 372	563
	DMU39	283 651	51 751	117 424	80 686	56 580	259 462	382 725	67 444	936 103	962	1 532	197
	DMU40	32 857	328 316	292 060	55 572	53 667	877 370	864 691	172 149	655 956	5 044	8 034	1 034
	DMU41	1 812 230	112 173	424 131	346 776	129 921	1 064 380	641 735	1 642 462	973 733	2 950	4 698	605
	DMU42	0	0	0	0	0	0	0	0	0	93	148	19
	废水产生量	0	0	0	0	0	0	0	0	0	0	0	0
	废气产生量	0	0	0	0	0	0	0	0	0	0	0	0
	固体废物产生量	0	0	0	0	0	0	0	0	0	0	0	0
总投入		95 062 133	12 174 829	43 559 073	17 863 206	63 127 010	80 567 763	94 584 901	33 687 313	119 769 299	4 369 553	6 959 053	895 974

附录 3　中国 2007 年绿色投入产出表（单位：万元）

附表 3-1　中国 2007 年绿色投入产出表（中间使用为 DMU01—DMU09）

产出 / 投入		中间使用											
		煤资源恢复部门	石油资源恢复部门	天然气源恢复部门	DMU01	DMU02	DMU03	DMU04	DMU05	DMU06	DMU07	DMU08	DMU09
中间投入	煤资源动用量	0	0	0	0	841 513	0	0	0	0	0	0	0
	石油资源动用量	0	0	0	0	0	58 190	0	0	0	0	0	0
	天然气资源动用量	0	0	0	0	0	874	0	0	0	0	0	0
	DMU01	866 652	2 184 686	0	46 864 502	480 150	1 102	47 056	6 993	109 753 724	24 917 704	5 449 720	9 088 513
	DMU02	178 885	450 939	0	161 130	5 856 863	135 034	155 179	53 405	556 776	622 818	258 505	337 675
	DMU03	110 618	278 849	0	5 726	38 632	544 563	298 208	201 357	190 928	106 267	70 415	15 750
	DMU04	91 001	229 399	0	0	0	0	3 031 743	0	0	0	0	0
	DMU05	84 759	213 665	0	39 242	31 436	39 100	51 408	2 073 461	110 147	0	0	0
	DMU06	927 174	2 337 254	0	38 351 614	160 394	153 044	123 529	91 896	65 544 155	1 470 156	7 432 871	436 198
	DMU07	599 378	1 510 934	0	61 573	27 066	70 443	33 870	20 420	193 699	86 967 042	53 294 608	1 029 949
	DMU08	468 906	1 182 034	0	190 622	367 836	346 316	255 718	160 313	507 834	4 007 023	26 737 837	2 032 559
	DMU09	297 110	748 967	0	446 254	748 557	354 636	182 448	66 206	406 184	189 067	286 130	29 170 962
	DMU10	477 662	1 204 108	0	409 940	125 151	211 953	123 099	84 664	8 504 897	2 265 331	2 424 926	1 599 245
	DMU11	366 516	923 927	0	2 042 313	705 943	1 861 464	1 967 694	813 022	680 063	461 662	558 956	312 725
	DMU12	1 983 229	4 999 393	0	30 271 973	1 398 243	2 024 761	2 356 377	3 340 302	10 087 263	24 879 688	8 552 149	7 968 053
	DMU13	673 539	1 697 881	0	636 793	916 495	750 540	476 993	1 374 465	2 624 875	542 332	211 978	923 882
	DMU14	3 001 127	7 565 346	0	72 526	2 921 984	3 012 926	555 068	176 683	285 666	105 991	152 573	1 657 339
	DMU15	926 542	2 335 659	0	1 128 849	1 868 071	663 802	1 218 807	300 308	1 667 429	396 502	657 830	2 338 760
	DMU16	2 970 793	7 488 881	0	2 873 919	5 361 077	5 266 300	4 038 207	2 056 059	1 331 136	2 882 240	1 109 072	1 523 218
	DMU17	1 129 928	2 848 362	0	1 866 272	904 488	746 148	751 274	566 608	579 225	550 150	299 539	552 397

续表

投入＼产出		中间使用											
		煤资源恢复部门	石油资源恢复部门	天然气源恢复部门	DMU01	DMU02	DMU03	DMU04	DMU05	DMU06	DMU07	DMU08	DMU09
中间投入	DMU18	1 632 285	4 114 721	0	128 697	1 567 078	845 198	798 139	360 281	550 577	521 919	301 478	326 316
	DMU19	2 607 950	6 574 212	0	83 119	272 213	199 322	149 033	75 217	251 014	326 207	325 876	69 260
	DMU20	208 484	525 553	0	172 416	704 710	1 411 912	273 684	112 175	332 592	204 336	98 022	91 850
	DMU21	203 006	511 744	0	424 914	319 354	110 503	226 698	192 466	525 169	589 190	537 232	326 399
	DMU22	230 905	582 075	0	18 299	6 544	1 040	29 592	218 020	216 236	197 406	53 397	205 727
	DMU23	943 372	2 378 086	0	3 965 147	5 238 523	5 771 920	7 229 679	2 186 660	3 958 743	4 959 876	941 586	2 153 246
	DMU24	29 859	75 270	0	14 499	33 987	93 209	250 638	161 622	179 751	97 440	49 235	37 795
	DMU25	28 664	72 256	0	69 945	94 388	98 172	70 342	47 256	209 832	222 594	91 895	85 550
	DMU26	1 308 555	3 298 653	0	90 691	103 231	85 540	17 968	10 251	86 984	41 729	37 924	20 503
	DMU27	1 088 022	2 742 724	0	7 098 029	4 632 841	1 608 302	2 741 884	2 313 950	10 350 538	3 906 951	3 388 590	3 136 915
	DMU28	32 808	82 704	0	317 122	28 820	16 209	11 572	11 331	94 403	161 663	292 028	72 309
	DMU29	310 742	783 329	0	1 706 054	265 371	175 555	93 303	85 715	739 601	430 113	688 198	345 895
	DMU30	1 010 984	2 548 524	0	6 512 077	1 017 011	826 417	640 243	478 314	9 108 557	3 385 127	2 454 497	2 008 079
	DMU31	396 951	1 000 647	0	1 086 911	990 249	692 237	600 778	461 810	1 909 631	795 012	757 995	472 039
	DMU32	562 321	1 417 520	0	3 467 546	1 730 870	937 578	615 764	447 969	3 379 467	3 039 637	1 458 640	1 227 160
	DMU33	293 214	739 143	0	72 007	96 859	31 522	25 108	33 364	491 205	465 513	1 087 019	340 796
	DMU34	408 312	1 029 287	0	601 938	352 527	100 697	164 133	100 036	4 810 409	635 509	2 530 554	689 442
	DMU35	64 630	162 921	0	626 549	123 785	156 163	18 207	7 659	283 289	101 628	67 333	52 485
	DMU36	145 130	365 848	0	2 655 232	727 779	818 217	600 802	277 005	893 815	358 823	352 263	124 728
	DMU37	51 751	130 456	0	850 024	112 108	74 021	37 493	83 368	111 275	274 643	18 744	12 889
	DMU38	214 217	540 006	0	1 642 162	840 850	416 852	152 983	154 096	548 425	249 513	297 616	119 804
	DMU39	303 203	764 326	0	413 587	207 817	44 778	52 776	101 912	133 166	56 546	41 909	37 809
	DMU40	302 090	761 519	0	434 468	325 029	44 956	149 025	101 597	297 103	154 342	162 738	119 217

续表

投入 \ 产出		中间使用											
		煤资源恢复部门	石油资源恢复部门	天然气源恢复部门	DMU01	DMU02	DMU03	DMU004	DMU05	DMU06	DMU07	DMU08	DMU09
中间投入	DMU41	149 830	377 697	0	168 457	218 661	143 270	232 964	227 161	655 068	372 810	414 299	185 686
	DMU42	355 159	895 296	0	130 340	20 268	25 848	9 955	5 622	48 810	22 998	18 742	11 052
	废水产生量	0	0	0	0	73 040	9 988	59 405	10 002	257 442	225 169	38 068	6 674
	废气产生量	0	0	0	0	253	18	126	65	314	154	15	38
	固体废物产生量	0	0	0	0	20 018	191	54 200	2 149	3 096	660	114	182
总投入		36 426 437	90 137 050	0	340 551 984	59 225 067	41 408 982	29 803 692	31 422 238	348 379 558	229 437 167	173 903 653	101 856 519

附表 3-2 中国 2007 年绿色投入产出表（中间使用为 DMU10—DMU21）

投入 \ 产出		中间使用											
		DMU10	DMU11	DMU12	DMU13	DMU14	DMU15	DMU16	DMU17	DMU18	DMU19	DMU20	DMU21
中间投入	煤资源动用量	0	0	0	0	0	0	0	0	0	0	0	0
	石油资源动用量	0	0	0	0	0	0	0	0	0	0	0	0
	天然气资源动用量	0	0	0	0	0	0	0	0	0	0	0	0
	DMU01	3 824 352	3 393	11 483 903	59 755	28 718	21 426	23 269	9 601	1 828	0	836	4 523 183
	DMU02	476 040	6 799 936	4 839 404	6 903 858	7 147 725	302 100	796 387	165 928	58 400	22 259	48 362	210 772
	DMU03	31 379	51 080 224	6 144 856	639 293	759 712	112 048	156 623	104 509	56 497	56 751	1 862	17 181
	DMU04	0	0	1 037 295	204 332	42 012 162	712 366	463 991	48 079	100 137	0	20 192	5 116

续表

投入 \ 产出		中间使用											
		DMU10	DMU11	DMU12	DMU13	DMU14	DMU15	DMU16	DMU17	DMU18	DMU19	DMU20	DMU21
中间投入	DMU05	0	19 790	8 241 949	12 577 104	1 297 429	449 904	180 366	46 908	66 258	162	2 977	122 306
	DMU06	457 221	1 014 854	7 550 528	633 062	1 612 856	438 138	987 832	793 467	724 433	1 076 866	123 693	640 441
	DMU07	2 475 401	11 894	4 019 835	444 641	54 631	231 557	416 204	496 451	415 783	79 907	54 446	4 946 370
	DMU08	1 063 997	106 576	1 355 023	557 817	1 262 137	474 539	749 343	3 083 038	480 685	626 125	128 502	860 809
	DMU09	2 896 847	75 038	851 175	1 334 802	364 200	2 427 726	1 078 539	2 751 296	534 558	518 048	112 549	1 667 305
	DMU10	41 207 474	141 563	7 889 770	5 048 018	558 946	1 551 925	1 544 467	1 053 765	2 606 868	3 249 965	520 653	1 233 587
	DMU11	406 606	6 359 277	20 607 408	3 627 826	14 726 791	896 781	2 048 822	740 901	567 346	520 432	77 937	233 404
	DMU12	16 973 656	3 229 976	211 809 858	14 230 612	6 527 127	5 729 242	10 811 972	14 413 440	18 125 551	20 938 133	4 043 540	4 805 190
	DMU13	382 085	800 698	3 967 374	35 106 786	7 726 989	1 699 632	1 953 396	1 982 196	3 915 808	6 067 006	1 491 264	1 146 917
	DMU14	1 179 025	106 477	3 615 876	3 440 996	127 896 436	39 180 045	51 614 226	23 309 776	45 252 075	6 633 573	1 006 943	3 977 462
	DMU15	1 929 419	726 997	4 367 217	5 426 322	5 384 230	18 869 681	13 985 422	4 536 114	9 983 250	8 784 340	1 609 223	2 630 911
	DMU16	1 870 687	3 218 676	8 789 541	6 112 658	18 026 429	7 804 035	78 273 468	28 324 219	9 453 308	3 586 559	1 202 313	235 938
	DMU17	1 280 869	645 402	2 123 863	1 336 918	3 864 429	1 667 096	6 205 537	113 629 436	486 777	1 367 926	288 925	864 303
	DMU18	905 962	270 194	1 448 038	819 890	1 825 989	1 267 397	17 645 728	9 963 897	31 796 130	10 483 221	2 420 354	362 992
	DMU19	1 893 497	53 229	550 108	208 949	228 730	286 146	11 110 745	4 496 210	19 173 724	266 603 396	15 457 749	214 516
	DMU20	369 430	429 863	2 707 909	527 608	1 666 423	297 290	2 155 675	3 530 451	1 431 852	2 168 516	5 337 843	149 311

续表

投入＼产出		中间使用											
		DMU10	DMU11	DMU12	DMU13	DMU14	DMU15	DMU16	DMU17	DMU18	DMU19	DMU20	DMU21
中间投入	DMU21	547 758	95 181	1 263 508	765 157	1 319 213	497 587	2 195 543	753 807	1 005 289	968 345	410 580	2 889 830
	DMU22	5 196 707	34 433	1 650 656	2 233 222	17 167 785	990 622	3 102 710	121 323	1 390 975	196 628	2 242	125 825
	DMU23	2 933 588	4 222 926	25 608 668	12 539 373	25 045 545	7 126 207	7 811 331	3 163 533	2 230 120	3 549 141	342 308	959 949
	DMU24	32 545	289 991	1 126 141	198 314	606 520	123 956	236 089	131 969	100 743	133 062	20 404	45 314
	DMU25	365 778	98 647	763 619	255 440	504 840	163 968	148 583	167 337	107 012	161 910	38 096	54 604
	DMU26	25 390	95 342	167 479	54 333	144 009	22 548	93 120	70 954	43 563	49 656	8 963	8 347
	DMU27	3 096 177	4 845 939	14 216 069	8 411 802	11 968 508	3 332 082	8 423 574	5 094 957	4 678 915	4 809 639	787 616	1 301 274
	DMU28	67 413	7 863	396 564	51 552	149 846	29 314	318 704	47 941	148 349	114 366	44 886	17 089
	DMU29	315 489	841 411	1 960 654	417 107	5 403 966	400 484	1 057 760	555 570	603 875	3 226 654	159 285	336 219
	DMU30	2 902 223	2 766 659	9 321 869	4 322 127	8 664 190	3 097 693	8 253 525	8 653 728	5 317 156	10 500 400	979 575	1 129 594
	DMU31	593 079	372 637	2 693 397	1 280 207	1 663 419	1 550 650	2 178 865	1 004 956	1 318 313	866 699	308 053	343 767
	DMU32	1 615 165	1 293 103	6 994 953	4 518 729	6 636 452	1 130 394	2 938 768	1 836 266	2 031 262	7 585 038	265 985	563 780
	DMU33	424 680	28 756	868 310	330 876	98 339	466 341	696 001	283 857	448 939	578 290	137 854	283 636
	DMU34	817 335	951 083	5 750 169	936 813	629 299	437 597	2 188 927	2 712 007	3 634 797	2 906 592	374 219	356 950
	DMU35	59 542	59 536	1 020 460	121 751	734 789	97 109	1 024 686	1 801 549	685 230	2 051 812	175 436	50 160
	DMU36	409 674	301 173	1 999 767	513 792	1 206 703	520 085	1 353 883	1 271 142	720 968	987 573	168 036	89 294
	DMU37	213 125	46 023	324 500	51 053	150 938	18 503	66 575	63 468	36 154	34 190	3 847	9 477
	DMU38	261 784	247 132	1 257 688	675 951	1 416 087	269 124	471 102	372 770	196 288	232 983	38 779	41 413
	DMU39	39 742	24 594	184 702	69 968	97 410	44 731	273 036	112 469	65 883	77 507	18 483	24 009
	DMU40	211 388	90 652	470 636	480 787	647 806	472 237	1 260 630	741 974	525 441	251 733	95 719	15 457
	DMU41	220 184	86 460	953 628	474 938	497 205	232 214	748 792	391 641	365 212	447 058	68 504	100 629
	DMU42	15 683	9 935	58 257	27 019	45 360	16 117	41 240	29 373	19 658	28 348	4 661	7 083

续表

投入＼产出		DMU10	DMU11	DMU12	DMU13	DMU14	DMU15	DMU16	DMU17	DMU18	DMU19	DMU20	DMU21
		中间使用											
中间投入	废水产生量	427 491	73 126	426 458	40 265	188 669	33 335	21 621	22 048	8 660	29 621	7 195	3 767
	废气产生量	407	616	1 279	5 711	5 142	88	45	65	8	14	1	3
	固体废物产生量	1 850	2 460	14 157	4 189	38 287	404	351	392	58	124	33	16
总投入		146 071 864	111 581 770	514 411 616	214 220 905	384 158 491	152 333 007	371 875 756	348 241 469	232 808 245	515 318 070	52 574 102	51 562 988

附表 3-3　中国 2007 年绿色投入产出表（中间使用为 DMU22—DMU33）

投入＼产出		DMU22	DMU23	DMU24	DMU25	DMU26	DMU27	DMU28	DMU29	DMU30	DMU31	DMU32	DMU33
		中间使用											
中间投入	煤资源动用量	0	0	0	0	0	0	0	0	0	0	0	0
	石油资源动用量	0	0	0	0	0	0	0	0	0	0	0	0
	天然气资源动用量	0	0	0	0	0	0	0	0	0	0	0	0
	DMU01	6 856	3 018	912	0	1 785 046	2 601 013	0	0	52 049	12 199 854	0	4 432
	DMU02	26 939	20 024 041	424 269	7 466	345 603	404 839	5 703	0	50 437	56 997	0	9 110
	DMU03	959	1 541 439	2 380 055	9 559	0	323 864	0	0	0	160 233	0	0
	DMU04	31 061	3 929	0	0	0	0	0	0	0	0	0	0
	DMU05	3 095	59 829	275	930	6 729 993	62 134	0	0	0	0	0	0
	DMU06	34 011	774 257	29 826	27 038	2 017 630	1 989 092	12 357	170 316	1 581 204	36 158 918	328 555	230 617
	DMU07	4 351	13 645	977	3 250	398 846	331 149	7 796	8 579	394 024	721 712	19 935	94 361
	DMU08	7 192	970 215	103 738	59 273	2 128 719	1 913 905	40 953	161 463	2 895 556	490 102	401 247	422 444

续表

投入 \ 产出		中间使用											
		DMU22	DMU23	DMU24	DMU25	DMU26	DMU27	DMU28	DMU29	DMU30	DMU31	DMU32	DMU33
中间投入	DMU09	5 079	172 259	10 324	16 873	10 036 821	307 370	26 926	75 661	1 074 213	253 239	140 894	107 796
	DMU10	8 757	568 425	23 726	31 998	1 001 824	857 040	166 801	2 097 708	4 860 882	640 696	4 760 444	557 490
	DMU11	39 716	6 665 673	125 497	52 644	6 630 157	30 759 215	128 553	83 055	661 131	473 384	626 673	670 470
	DMU12	766 821	766 244	50 314	509 420	20 130 831	3 414 897	16 376	316 104	2 658 539	1 061 385	443 645	1 332 152
	DMU13	82 056	572 627	19 634	32 286	123 808 093	477 558	18 074	19 014	90 296	232 584	26 575	25 510
	DMU14	251 329	178 634	14 321	8 741	61 002 075	721 585	0	549	111 713	5 562	0	55 139
	DMU15	39 386	1 222 598	77 765	286 035	19 323 338	938 816	3 902	132 282	128 017	196 271	107 438	910 346
	DMU16	21 945	2 877 650	73 146	125 190	17 062 773	6 023 780	57 843	680 641	763 913	219 510	502 160	324 332
	DMU17	10 854	3 660 570	226 757	166 976	3 050 266	21 888 010	652 780	694 102	4 930 084	666 985	610 335	572 795
	DMU18	54 876	13 989 593	20 007	37 689	22 141 654	681 149	9 370	5 488 640	2 294 051	1 074 018	248 435	968 739
	DMU19	4 141	279 948	7 557	15 462	2 240 796	1 081 486	73 251	7 741 737	2 138 237	127 576	187 461	479 221
	DMU20	3 891	6 293 007	68 651	77 399	2 216 043	425 678	8 291	1 638 306	141 400	8 332	813 308	399 853
	DMU21	2 937	162 072	5 664	10 163	1 572 063	242 812	11 758	70 385	226 112	99 228	116 544	99 118
	DMU22	3 494 955	21 519	0	0	0	0	0	0	0	0	0	0
	DMU23	182 703	98 633 504	161 521	2 010 310	7 230 036	3 049 035	89 505	1 898 252	3 788 723	3 285 913	1 439 459	503 830
	DMU24	5 933	262 318	389 850	30 211	53 794	251 571	4 178	37 602	57 082	329 984	4 475	7 615
	DMU25	9 579	465 500	6 317	316 185	180 846	191 449	11 665	133 747	176 870	390 491	102 554	21 818
	DMU26	3 134	77 597	5 304	11 307	4 837 069	803 471	185 784	111 916	721 904	301 369	197 289	1 394 160
	DMU27	239 363	3 365 718	247 359	95 945	44 266 757	20 159 681	654 199	1 631 718	23 860 096	1 821 579	3 602 913	494 783
	DMU28	788	35 651	1 242	3 856	131 129	71 498	245 749	105 338	228 484	249 018	558 589	61 671
	DMU29	8 693	1 787 868	14 333	44 060	9 340 353	2 821 280	125 167	3 347 114	3 119 931	565 689	4 830 445	399 125

续表

投入 \ 产出		中间使用											
		DMU22	DMU23	DMU24	DMU25	DMU26	DMU27	DMU28	DMU29	DMU30	DMU31	DMU32	DMU33
中间投入	DMU30	151 808	2 134 509	142 941	67 172	13 354 436	3 238 020	392 128	2 435 396	1 690 273	3 753 277	688 007	367 884
	DMU31	25 640	675 971	33 982	76 182	4 724 858	3 248 219	38 729	1 270 163	5 754 454	1 030 490	6 131 019	1 314 360
	DMU32	126 918	9 656 221	234 637	533 808	4 733 728	13 548 989	55 790	1 183 649	9 725 298	2 295 333	10 592 667	3 026 105
	DMU33	7 795	92 391	7 001	4 562	247 515	754 479	62 308	1 405 762	4 830 249	1 427 824	3 558 260	887 732
	DMU34	19 215	907 510	27 990	42 893	1 863 463	1 227 965	187 279	2 920 706	14 658 329	1 853 701	7 243 966	2 630 646
	DMU35	2 413	169 913	2 122	2 158	385 248	79 727	2 683	109 901	492 224	1 416	155 868	17 201
	DMU36	9 529	1 616 148	14 642	12 342	5 463 394	265 042	735	202 002	1 040 334	22 220	78 729	139 456
	DMU37	1 946	433 512	3 740	510 220	26 866	82 474	0	21 702	77 554	52 753	106 727	27 891
	DMU38	48 379	2 564 603	30 393	108 316	923 827	5 405 502	8 874	622 868	3 678 131	1 832 694	942 676	786 873
	DMU39	754	112 063	5 378	22 846	181 676	516 470	14 095	216 350	535 479	113 722	1 030 679	54 705
	DMU40	8 939	496 861	37 332	3 373	238 247	204 357	1 213	29 579	66 556	41 151	209 095	34 689
	DMU41	7 520	1 008 257	26 678	55 153	1 250 933	789 890	64 908	600 625	2 152 775	668 228	1 551 618	755 858
	DMU42	0	36 462	685	2 095	65 608	66 123	1 633	27 295	78 537	25 445	60 254	54 057
	废水产生量	961	174 796	2 837	15 932	0	0	0	0	0	0	0	0
	废气产生量	1	23 592	36	0	0	0	0	0	0	0	0	0
	固体废物产生量	22	42 573	160	8	0	0	0	0	0	0	0	0
总投入		29 466 994	278 444 986	8 895 544	9 272 390	513 290 404	300 536 844	7 351 890	100 912 500	265 638 302	127 352 741	169 911 370	105 205 198

附表 3-4　中国 2007 年绿色投入产出表（中间使用为 DMU34—DMU42）

投入 \ 产出		中间使用											
		DMU34	DMU35	DMU36	DMU37	DMU38	DMU39	DMU40	DMU41	DMU42	废水治理部门	废气治理部门	固体废物治理部门
	煤资源动用量	0	0	0	0	0	0	0	0	0	0	0	0
	石油资源动用量	0	0	0	0	0	0	0	0	0	0	0	0
	天然气资源动用量	0	0	0	0	0	0	0	0	0	0	0	0
中间投入	DMU01	138 351	295 712	88 744	701 333	603 824	251 402	409 035	148 002	0	68	95	6
	DMU02	66 120	9 329	23 590	38 901	172 501	192 508	277 132	14 389	218 468	1 437	2 017	134
	DMU03	4 875	619	1 660	11 138	11 293	0	7 446	7 838	14 098	485	681	45
	DMU04	0	52 005	11 624	8 962	0	0	0	0	0	818	1 149	76
	DMU05	0	1 375	897	7 500	3 509	57 467	57 820	17 415	51 137	1 424	1 999	133
	DMU06	1 008 339	169 219	81 482	139 130	1 708 129	1 321 828	958 081	2 050 903	515 256	4 809	6 751	448
	DMU07	1 207 102	215 527	23 427	63 398	1 238 697	324 701	754 766	122 438	627 345	6 337	8 897	590
	DMU08	1 289 157	90 802	65 620	213 948	641 956	229 827	1 094 013	815 303	2 267 909	4 864	6 829	453
	DMU09	248 120	38 074	47 262	185 543	995 606	2 378 287	1 056 772	492 926	3 297 928	7 257	10 188	676
	DMU10	9 719 255	133 500	531 700	101 377	1 521 658	5 839 147	1 884 931	3 101 319	6 694 085	14 830	20 819	1 381
	DMU11	1 796 323	58 777	433 738	327 900	909 384	882 484	300 390	153 304	1 851 193	8 924	12 529	831
	DMU12	3 126 855	1 079 584	718 409	927 022	6 460 754	1 546 398	32 640 449	1 152 109	1 443 411	91 032	127 798	8 475
	DMU13	48 750	85 097	68 210	200 493	87 249	921 248	759 951	257 000	760 897	21 457	30 123	1 998
	DMU14	43 563	38 403	178 290	72 077	162 534	96 959	4 520	14 007	0	210 476	295 485	19 594
	DMU15	2 297 612	264 446	697 980	92 806	413 599	386 721	272 634	139 187	177 303	85 945	120 657	8 001
	DMU16	654 464	172 251	309 687	319 994	214 092	398 539	5 171 359	132 006	386 605	307 000	430 995	28 580
	DMU17	4 465 405	116 839	627 329	655 909	4 563 545	1 520 339	183 957	239 226	3 411 827	19 000	26 674	1 769

续表

投入\产出		中间使用										
		DMU34	DMU35	DMU36	DMU37	DMU38	DMU39	DMU40	DMU41	DMU42	废水治理部门	废气治理部门	固体废物治理部门
中间投入	DMU18	6 915 285	483 454	1 515 009	393 778	1 455 021	561 098	438 045	233 001	360 119	87 028	122 178	8 102
	DMU19	11 316 526	801 333	2 481 825	462 302	3 553 402	1 098 055	197 366	408 241	2 467 429	149 612	210 039	13 928
	DMU20	605 795	648 854	1 893 209	224 849	1 441 640	3 299 841	415 325	210 495	471 903	24 957	35 037	2 323
	DMU21	511 732	43 906	71 225	64 919	602 291	284 757	152 788	71 196	314 556	19 283	27 071	1 795
	DMU22	0	0	0	0	0	0	0	0	0	4 092	5 745	381
	DMU23	876 028	214 392	241 539	391 154	887 956	3 334 036	1 519 475	337 232	2 077 556	44 312	62 209	4 125
	DMU24	76 146	2 989	7 526	11 920	45 424	101 281	53 539	23 890	39 334	1 189	1 670	111
	DMU25	84 235	23 312	58 756	34 342	187 632	352 747	121 673	50 211	123 998	1 611	2 261	150
	DMU26	71 836	32 346	89 287	313 503	535 059	758 744	2 202 608	285 757	1 835 596	495	694	46
	DMU27	4 635 525	333 456	1 524 632	246 541	1 414 374	3 397 989	558 703	807 102	4 512 973	47 375	66 510	4 410
	DMU28	129 443	20 371	46 923	14 144	128 065	440 200	51 186	83 072	1 356 288	791	1 111	74
	DMU29	419 173	73 075	201 237	140 482	338 475	1 805 932	1 466 045	385 584	3 445 401	6 373	8 947	593
	DMU30	2 191 822	225 654	418 088	210 765	1 511 088	1 383 298	4 098 850	747 703	1 594 591	39 246	55 097	3 654
	DMU31	6 489 211	358 596	1 412 505	294 612	1 176 220	4 158 381	1 132 135	1 123 429	9 265 004	11 878	16 675	1 106
	DMU32	4 058 655	53 473	1 063 340	688 333	1 677 379	3 894 254	680 630	624 031	2 408 635	14 680	20 609	1 367
	DMU33	1 085 373	38 616	282 255	32 668	1 779 406	558 150	193 898	428 111	659 097	5 153	7 234	480
	DMU34	4 062 200	94 076	494 208	199 828	1 090 778	2 992 087	902 049	807 926	1 306 904	16 027	22 500	1 492
	DMU35	44 862	246 151	72 761	14 343	2 190	356 286	59 141	42 986	1 988	9 990	14 024	930
	DMU36	57 200	133 020	1 828 282	52 628	55 516	322 218	156 737	20 817	183 935	11 840	16 622	1 102
	DMU37	736 664	6 836	7 616	341 980	117 199	239 126	33 702	38 098	363 431	261	366	24
	DMU38	1 793 847	39 642	390 597	444 660	3 509 001	1 457 283	854 087	473 635	2 725 489	3 113	4 371	290
	DMU39	121 997	97 876	91 385	56 342	68 533	2 179 295	347 171	113 483	3 191 454	1 310	1 840	122
	DMU40	20 775	44 242	50 637	71 850	37 560	410 387	363 163	95 837	658 027	9 119	12 802	849

续表

投入\产出		中间使用										
		DMU34	DMU35	DMU36	DMU37	DMU38	DMU39	DMU40	DMU41	DMU42	废水治理部门	废气治理部门	固体废物治理部门
中间投入	DMU41	697 931	109 380	296 917	160 588	556 231	1 801 044	281 921	2 359 215	3 211 710	4 524	6 351	421
	DMU42	17 320	2 629	10 732	5 049	18 297	33 219	17 464	6 933	39 439	213	299	20
	废水产生量	0	0	0	0	0	0	0	0	0	0	0	0
	废气产生量	0	0	0	0	0	0	0	0	0	0	0	0
	固体废物产生量	0	0	0	0	0	0	0	0	0	0	0	0
总投入		101 360 140	12 123 554	38 656 748	18 974 122	79 229 830	115 753 171	108 949 143	49 769 565	139 059 329	7 641 994	10 728 535	711 426

附录 4　中国 2010 年绿色投入产出表（单位：万元）

附表 4-1　中国 2010 年绿色投入产出表（中间使用为 DMU01—DMU08）

投入 \ 产出		中间使用											
		煤资源恢复部门	石油资源恢复部门	天然气源恢复部门	电力资源恢复部门	DMU01	DMU02	DMU03	DMU04	DMU05	DMU06	DMU07	DMU08
中间投入	煤资源动用量	0	0	0	0	0	1 059 969	0	0	0	0	0	0
	石油资源动用量	0	0	0	0	0	0	63 650	0	0	0	0	0
	天然气资源动用量	0	0	0	0	0	0	1 215	0	0	0	0	0
	电力资源动用量	0	0	0	0	0	0	0	0	0	0	0	0
	DMU01	4 060 900	1 403 174	0	0	90 637 537	1 410 862	0	139 927	15 899	264 995 415	51 698 423	10 506 817
	DMU02	1 587 818	548 643	0	0	480 205	34 881 431	904 272	471 663	133 439	1 813 422	1 312 892	800 182
	DMU03	761 560	263 144	0	0	0	0	1 752 781	0	0	0	0	0
	DMU04	1 331 923	460 223	0	0	0	0	0	13 440 008	0	0	0	0
	DMU05	439 265	151 780	0	0	72 265	68 071	53 106	115 216	3 807 882	236 308	0	0
	DMU06	3 765 880	1 301 235	0	0	70 036 796	316 444	187 087	253 947	142 234	138 031 626	2 219 596	12 197 915
	DMU07	1 950 647	674 012	0	0	94 271	44 636	80 346	65 049	30 375	338 733	121 231 539	81 288 307
	DMU08	1 352 695	467 400	0	0	261 845	654 508	375 659	445 111	216 193	874 740	4 930 227	37 912 031
	DMU09	934 815	323 009	0	0	653 380	1 493 347	403 117	346 161	93 407	713 293	251 248	430 393
	DMU10	1 277 737	441 500	0	0	568 315	212 904	223 234	214 436	112 011	12 482 318	2 804 012	3 402 038
	DMU11	2 193 209	757 826	0	0	4 817 574	2 191 258	4 004 734	6 551 488	2 525 999	1 863 200	758 631	1 501 161
	DMU12	6 453 003	2 229 724	0	0	53 497 418	4 251 160	3 944 313	5 552 583	5 246 152	18 426 814	35 071 243	14 044 484
	DMU13	2 924 943	1 010 663	0	0	970 401	1 948 922	972 607	995 177	2 113 509	4 601 603	733 520	327 606
	DMU14	9 407 463	3 250 586	0	0	155 928	8 056 400	5 114 988	1 497 538	365 000	615 804	137 184	320 514
	DMU15	2 353 448	813 193	0	0	2 167 317	3 744 196	800 110	2 476 371	854 405	3 068 758	544 724	1 050 479
	DMU16	6 574 582	2 271 733	0	0	4 071 969	10 865 642	8 776 665	9 353 539	4 822 745	2 203 989	3 795 931	1 611 200

续表

投入＼产出		中间使用											
		煤资源恢复部门	石油资源恢复部门	天然气源恢复部门	电力资源恢复部门	DMU01	DMU02	DMU03	DMU04	DMU05	DMU06	DMUC7	DMU08
中间投入	DMU17	3 623 358	1 251 989	0	0	2 126 760	1 425 059	716 677	1 226 803	1 177 340	834 417	619 371	382 496
	DMU18	3 529 696	1 219 625	0	0	191 448	2 963 898	967 527	1 523 016	521 002	944 637	694 500	460 450
	DMU19	3 362 464	1 161 841	0	0	65 985	298 527	130 251	155 246	58 848	235 828	227 034	269 568
	DMU20	487 911	168 589	0	0	190 154	1 056 339	1 005 637	403 807	127 282	468 696	221 157	114 299
	DMU21	1 235 058	426 753	0	0	748 465	694 290	139 224	568 781	718 966	1 531 898	1 285 565	1 045 735
	DMU22	3 249 925	1 122 955	0	0	6 869 408	6 523 536	7 777 336	15 154 023	4 663 495	6 917 291	6 186 263	1 618 189
	DMU23	144 741	50 013	0	0	26 577	77 798	131 214	601 940	282 577	395 701	165 410	88 396
	DMU24	105 977	36 618	0	0	76 523	131 545	83 470	98 774	49 874	270 827	224 571	103 219
	DMU25	5 382 803	1 859 934	0	0	169 812	237 839	120 137	41 271	17 872	188 314	67 524	70 185
	DMU26	3 372 839	1 165 426	0	0	12 592 901	9 435 623	2 053 784	5 297 406	3 433 581	19 181 675	5 664 281	5 748 657
	DMU27	81 212	28 061	0	0	431 531	49 405	16 852	19 706	14 815	150 697	191 652	405 848
	DMU28	997 172	344 556	0	0	2 200 390	500 689	178 888	158 726	110 733	1 186 347	515 337	1 048 101
	DMU29	2 867 275	990 737	0	0	9 357 987	1 952 898	967 247	1 237 618	700 598	16 159 869	4 632 222	3 785 675
	DMU30	1 345 173	464 801	0	0	1 825 881	2 219 109	943 567	1 351 782	789 958	3 962 427	1 245 194	1 366 491
	DMU31	2 071 319	715 708	0	0	5 420 824	3 659 135	868 051	1 205 361	700 867	6 880 377	4 966 433	2 589 953
	DMU32	1 643 923	568 029	0	0	146 816	237 977	46 493	61 161	62 445	1 149 884	833 895	2 164 196
	DMU33	1 372 872	474 372	0	0	1 003 897	951 725	189 796	419 259	205 950	11 056 649	1 087 489	5 036 742
	DMU34	230 452	79 629	0	0	1 014 762	251 293	193 891	35 867	11 839	541 707	147 193	110 471
	DMU35	615 556	212 695	0	0	5 261 135	1 632 541	1 199 820	1 448 406	522 146	2 300 824	621 510	733 615
	DMU36	235 800	81 477	0	0	1 673 757	215 846	86 841	71 002	121 239	205 164	397 311	29 040
	DMU37	682 567	235 849	0	0	2 100 300	1 314 173	397 649	240 406	182 032	805 885	278 295	368 304
	DMU38	855 513	295 608	0	0	234 246	149 841	19 597	36 929	55 505	91 900	28 551	24 214
	DMU39	919 958	317 876	0	0	401 772	406 169	37 423	190 506	95 999	332 402	138 141	160 491
	DMU40	291 423	100 696	0	0	152 593	254 769	101 633	275 352	200 561	704 895	305 226	389 515

续表

投入＼产出		中间使用											
		煤资源恢复部门	石油资源恢复部门	天然气源恢复部门	电力资源恢复部门	DMU01	DMU02	DMU03	DMU04	DMU05	DMU06	DMU07	DMU08
中间投入	DMU41	1 320 735	456 357	0	0	206 943	41 407	32 227	20 306	8 690	93 574	33 295	30 747
	废水产生量	0	0	0	0	0	97 542	11 530	50 003	7 669	255 332	239 135	38 140
	废气产生量	0	0	0	0	0	2 324	1 026	2 941	891	11 026	3 258	352
	固体废物产生量	0	0	0	0	0	26 233	218	51 148	1 452	3 741	771	134
总投入						693 198 000	201 661 338	116 732 518	114 098 978	53 899 753	674 322 854	326 145 080	241 572 896

附表 4-2　中国 2010 年绿色投入产出表（中间使用为 DMU09—DMU19）

投入＼产出		中间使用										
		DMU09	DMU10	DMU11	DMU12	DMU13	DMU14	DMU15	DMU16	DMU17	DMU18	DMU19
中间投入	煤资源动用量	0	0	0	0	0	0	0	0	0	0	0
	石油资源动用量	0	0	0	0	0	0	0	0	0	0	0
	天然气资源动用量	0	0	0	0	0	0	0	0	0	0	0
	电力资源动用量	0	0	0	0	0	0	0	0	0	0	0
	DMU01	17 450 431	9 264 002	0	29 463 832	107 803	0	0	F	138	0	0
	DMU02	1 145 148	1 764 325	18 492 945	13 197 645	27 889 035	28 278 724	953 082	1 944 089	523 137	279 483	160 907
	DMU03	0	0	167 562 422	17 302 510	701 846	2 075 057	0	0	0	0	0
	DMU04	0	0	0	3 604 281	839 148	157 778 197	2 212 173	1 471 755	163 925	370 192	6 994
	DMU05	0	0	28 593	14 258 292	23 192 174	2 059 325	874 394	373 357	116 854	165 128	3 670
	DMU06	807 735	824 191	1 383 258	14 893 088	1 380 536	2 644 146	743 280	2 012 547	1 807 673	1 661 066	2 083 996
	DMU07	1 528 982	4 037 585	12 970	6 890 142	882 688	54 852	359 146	788 709	1 033 934	853 988	158 360

续表

投入＼产出		中间使用										
		DMU09	DMU10	DMU11	DMU12	DMU13	DMU14	DMU15	DMU16	DMU17	DMU18	DMU19
中间投入	DMU08	2 700 930	1 500 381	122 762	2 176 730	989 255	1 799 429	706 518	1 353 535	5 891 597	963 381	1 041 366
	DMU09	45 871 937	4 493 678	89 948	1 456 016	2 644 848	564 466	3 815 233	2 024 439	5 597 250	1 128 312	886 072
	DMU10	2 360 456	59 290 931	159 726	12 827 832	8 751 226	815 143	2 276 825	2 752 214	1 819 260	4 902 207	4 202 456
	DMU11	1 121 936	1 030 684	18 049 165	56 513 098	16 619 925	35 206 120	2 425 103	6 344 813	2 564 596	1 903 922	1 560 010
	DMU12	14 205 503	28 211 970	5 556 973	379 098 657	29 949 339	11 222 808	8 982 957	22 721 525	31 657 875	37 074 882	36 970 740
	DMU13	1 365 128	600 433	1 000 952	7 405 033	75 778 846	17 454 328	2 698 431	4 252 624	4 322 822	9 598 591	10 526 591
	DMU14	3 486 495	2 440 439	143 947	9 016 964	10 441 195	231 453 636	82 219 357	134 368 468	61 707 076	118 169 328	17 511 360
	DMU15	3 860 304	3 169 794	947 364	8 164 228	11 098 825	7 617 070	32 358 879	26 801 176	9 496 936	20 278 866	12 826 755
	DMU16	2 326 416	2 931 296	3 794 403	14 492 812	11 384 726	26 917 934	11 726 981	145 131 889	49 936 540	23 388 815	6 234 073
	DMU17	743 376	1 748 097	665 680	2 958 922	2 223 646	4 531 286	2 187 963	9 548 188	194 438 636	1 224 993	2 077 493
	DMU18	521 733	1 421 409	326 510	2 499 335	1 544 646	2 589 813	1 928 432	35 092 248	21 943 497	68 116 773	16 924 509
	DMU19	65 052	1 811 118	36 924	558 179	219 908	148 193	243 656	13 386 915	6 283 235	27 044 864	271 465 205
	DMU20	111 945	953 843	421 387	3 686 333	625 158	1 680 134	365 094	3 351 182	5 306 045	2 472 857	15 002 137
	DMU21	1 020 869	12 187 389	185 158	6 600 923	7 355 916	29 191 887	2 904 686	11 973 534	2 109 875	6 023 498	2 589 437
	DMU22	4 290 359	5 228 972	4 901 140	40 257 295	23 780 714	39 506 287	13 941 386	14 069 602	6 446 094	4 715 681	6 376 242
	DMU23	72 346	64 233	435 321	2 420 088	470 771	1 127 403	239 544	566 912	376 505	280 908	311 331
	DMU24	98 504	444 258	89 392	976 754	379 509	531 697	192 041	209 889	255 487	165 260	219 639
	DMU25	39 675	50 357	143 234	347 429	131 302	253 644	41 627	213 937	178 598	112 045	105 010
	DMU26	5 216 304	5 428 879	5 662 055	26 637 785	17 833 620	16 731 118	5 615 143	18 205 772	11 299 416	11 135 488	9 750 375
	DMU27	97 104	94 552	8 697	651 963	94 279	225 247	41 219	570 207	91 435	294 889	188 528
	DMU28	535 922	495 847	914 616	2 959 613	781 257	6 480 006	642 798	1 998 917	1 144 350	1 291 466	4 882 426
	DMU29	3 303 836	4 809 267	3 489 102	16 295 924	8 954 787	13 130 224	5 010 582	16 362 976	18 109 751	11 583 103	17 999 010

续表

投入 \ 产出		中间使用										
		DMOU09	DMU10	DMU11	DMU12	DMU13	DMU14	DMU15	DMU16	DMU17	DMU18	DMU19
中间投入	DMU30	871 044	1 133 162	519 101	5 622 536	3 164 228	3 143 815	2 938 513	4 926 636	2 429 144	3 213 222	1 793 125
	DMU31	2 347 393	3 189 018	1 740 463	14 349 515	10 258 242	11 580 933	2 116 697	6 734 014	4 776 012	5 028 333	15 401 613
	DMU32	657 032	901 676	45 781	1 945 493	876 927	192 592	969 546	1 784 761	749 103	1 249 873	1 356 621
	DMU33	1 376 306	1 686 082	1 371 094	13 097 342	2 478 491	1 261 584	898 266	5 631 633	7 084 355	9 938 781	6 333 605
	DMU34	86 203	103 804	78 752	1 962 443	264 011	1 183 563	160 743	2 230 075	3 945 746	1 563 202	3 764 179
	DMU35	262 547	944 038	487 428	5 101 212	1 408 645	2 551 288	1 130 709	3 823 025	3 947 688	2 226 737	2 703 953
	DMU36	20 390	559 409	57 508	840 618	100 966	220 478	29 161	130 115	133 356	80 833	63 722
	DMU37	160 780	355 079	252 633	1 778 099	1 089 606	1 733 343	349 658	736 062	642 005	342 894	361 208
	DMU38	22 700	24 606	11 464	123 934	52 118	54 372	26 577	203 705	89 150	58 171	51 242
	DMU39	131 684	228 144	74 006	560 203	638 167	659 748	492 006	1 523 655	956 389	756 466	287 951
	DMU40	181 687	218 445	65 433	1 044 907	582 372	467 723	225 818	896 305	502 566	474 744	472 115
	DMU41	19 010	27 560	13 197	106 852	58 572	72 328	27 484	86 550	66 116	45 608	55 914
	废水产生量	6 722	380 576	68 700	399 995	30 314	144 898	28 962	22 078	25 347	10 984	35 427
	废气产生量	1 701	7 860	18 712	31 899	87 263	147 227	2 077	4 369	4 184	1 063	6 369
	固体废物产生量	227	2 413	3 650	14 490	5 482	44 587	401	783	580	674	263
总投入		1 504 614 534	207 936 360	301 486 097	932 510 585	400 640 738	820 817 921	244 967 874	662 703 313	587 033 598	458 949 435	565 676 080

附表 4-3　中国 2010 年绿色投入产出表（中间使用为 DMU20—DMU31）

投入 \ 产出		中间使用											
		DMU20	DMU21	DMU22	DMU23	DMU24	DMU25	DMU26	DMU27	DMU28	DMU29	DMU30	DMU31
中间投入	煤资源动用量	0	0	0	0	0	0	0	0	0	0	0	0
	石油资源动用量	0	0	0	0	0	0	0	0	0	0	0	0
	天然气资源动用量	0	0	0	0	0	0	0	0	0	0	0	0
	电力资源动用量	0	0	227	0	0	0	0	0	0	0	0	0
	DMU01	2 614	10 931 077	0	3 667	0	4 405 199	11 303 321	0	0	95 741	24 628 424	0
	DMU02	100 400	654 445	72 927 947	1 057 860	22 807	779 290	1 620 364	17 630	0	120 613	142 197	0
	DMU03	0	0	2 583 400	10 365 216	0	0	574 970	0	0	0	0	0
	DMU04	79 129	22 020	0	0	0	0	0	0	0	0	0	0
	DMU05	7 368	251 019	108 544	860	1 743	10 222 345	118 686	0	0	0	0	0
	DMU06	221 439	1 294 686	1 258 667	82 100	44 845	4 031 996	3 727 849	31 312	406 030	2 057 621	74 124 740	884 200
	DMU07	104 415	8 181 713	16 951	2 567	5 117	843 863	606 797	19 042	20 409	477 002	1 048 956	45 121
	DMU08	209 971	1 357 132	1 374 276	247 129	84 589	3 850 014	3 387 903	90 663	315 142	3 494 158	804 888	831 903
	DMU09	196 652	2 773 185	253 532	25 793	25 245	17 721 283	574 357	62 641	159 608	652 979	294 914	237 102
	DMU10	696 381	1 626 890	785 765	55 512	44 754	1 683 653	1 736 971	333 449	5 191 692	3 663 841	725 617	6 131 453
	DMU11	331 053	753 040	12 180 686	458 000	177 680	13 025 887	88 447 222	371 090	321 036	1 323 936	1 049 505	1 994 949
	DMU12	6 099 482	7 988 317	1 259 055	141 451	846 999	31 166 447	8 307 646	41 723	882 343	3 588 252	1 626 533	1 070 671
	DMU13	2 514 382	2 003 269	867 699	50 846	50 088	229 412 615	982 927	43 502	45 168	107 725	437 337	50 684
	DMU14	2 780 428	8 970 564	307 454	54 285	19 813	126 004 441	2 304 732	0	1 708	193 746	9 607	0
	DMU15	2 809 282	3 832 939	2 439 435	209 808	462 302	32 876 896	2 611 606	9 783	334 815	159 091	249 254	285 384
	DMU16	2 002 192	257 696	4 107 934	177 827	182 355	29 834 541	11 341 819	131 756	1 347 089	854 886	250 260	1 343 833
	DMU17	448 666	914 039	4 627 754	482 608	212 891	4 160 623	33 382 935	994 489	1 174 108	3 467 162	720 351	918 494

续表

投入＼产出		中间使用											
		DMU20	DMU21	DMU22	DMU23	DMU24	DMU25	DMU26	DMU27	DMU28	DMU29	DMU30	DMU31
中间投入	DMU18	3 602 329	605 781	22 937 269	51 106	57 675	38 252 086	1 303 572	22 243	11 465 752	2 699 170	1 528 876	648 788
	DMU19	16 255 762	212 299	247 538	11 555	13 833	2 422 961	1 184 902	110 350	9 950 996	1 546 778	87 002	236 083
	DMU20	8 877 229	196 122	5 578 271	138 155	93 044	2 206 079	752 458	14 898	1 493 001	129 122	6 687	1 211 670
	DMU21	704 139	10 470 253	312 880	16 471	17 706	3 272 706	420 104	31 776	176 452	302 883	132 903	328 722
	DMU22	740 086	1 417 777	148 281 539	440 271	4 020 118	7 519 393	5 660 488	171 789	4 152 557	4 641 377	4 559 566	2 976 121
	DMU23	48 799	97 121	481 779	1 227 019	55 897	118 550	444 956	11 993	94 764	81 205	778 642	15 681
	DMU24	50 155	72 079	516 341	11 776	359 542	242 422	285 375	20 209	203 477	151 886	370 391	149 310
	DMU25	19 164	18 753	141 864	16 335	20 861	10 739 787	2 040 533	531 711	282 241	1 024 075	488 230	456 813
	DMU26	1 594 073	2 525 624	5 042 683	582 403	162 610	94 297 345	40 024 978	1 792 705	5 106 048	27 824 206	2 595 033	7 831 494
	DMU27	77 907	26 157	48 736	2 869	5 336	217 664	148 595	527 449	217 568	535 772	122 575	1 359 389
	DMU28	270 188	623 033	2 539 681	31 429	63 406	14 655 854	3 404 924	255 506	7 215 943	3 228 549	655 734	9 006 297
	DMU29	1 604 234	2 029 028	3 276 515	369 849	104 117	24 885 519	6 120 592	942 865	5 231 514	2 014 478	4 511 842	1 339 208
	DMU30	668 720	690 039	1 185 805	101 049	136 707	10 116 151	7 554 315	90 455	3 270 975	7 621 968	1 443 975	11 649 053
	DMU31	550 708	1 205 394	17 224 650	730 186	987 917	9 562 883	27 976 723	147 308	3 447 280	13 549 574	3 531 460	25 390 355
	DMU32	308 589	630 339	180 641	23 148	9 036	587 043	2 313 343	191 441	4 354 818	8 819 599	2 261 850	10 127 544
	DMU33	895 285	795 340	1 845 840	96 999	84 416	3 638 776	2 628 334	488 062	8 348 795	19 350 576	2 549 190	19 264 426
	DMU34	348 717	90 246	274 977	5 795	3 530	755 442	144 093	6 809	278 620	619 085	1 893	443 155
	DMU35	408 836	209 380	3 326 336	50 771	26 123	11 705 317	554 372	2 227	814 058	1 530 350	39 301	219 113
	DMU36	6 625	17 196	1 108 549	9 609	982 673	49 366	142 893	0	46 607	91 769	69 946	203 004
	DMU37	57 950	82 369	3 178 517	63 487	135 339	1 415 309	10 793 701	20 059	1 066 266	3 670 079	1 991 151	1 227 893
	DMU38	12 755	15 340	64 065	5 174	13 167	125 739	354 070	12 601	195 053	237 300	55 585	614 848
	DMU39	118 106	20 595	494 811	61 807	3 792	298 501	254 674	2 415	49 645	63 813	35 950	218 633
	DMU40	75 685	106 460	935 484	41 608	51 531	1 405 170	975 688	94 073	931 839	1 546 542	551 318	1 892 039
	DMU41	8 808	12 756	59 201	1 871	3 427	129 001	133 676	4 144	63 413	98 778	32 848	180 384

续表

投入 \ 产出		中间使用											
		DMU20	DMU21	DMU22	DMU23	DMU24	DMU25	DMU26	DMU27	DMU28	DMU29	DMU30	DMU31
中间投入	废水产生量	4 908	3 420	127 132	1 782	30 908	0	0	0	0	0	0	0
	废气产生量	555	239	182 550	834	11	0	0	0	0	0	0	0
	固体废物产生量	46	100	48 876	74	23	0	0	0	0	0	0	0
总投入		71 374 642	136 554 897	437 484 871	22 411 241	17 410 827	1 023 433 008	480 103 201	12 575 357	168 665 110	430 217 189	216 726 852	322 865 825

附表 4-4　中国 2010 年绿色投入产出表（中间使用为 DMU32—DMU41）

投入 \ 产出		中间使用												
		DMU32	DMU33	DMU34	DMU35	DMU36	DMU37	DMU38	DMU39	DMU40	DMU41	废水治理部门	废气治理部门	固体废物治理部门
	煤资源动用量	0	0	0	0	0	0	0	0	0	0	0	0	0
	石油资源动用量	0	0	0	0	0	0	0	0	0	0	0	0	0
	天然气资源动用量	0	0	0	0	0	0	0	0	0	0	0	0	0
	电力资源动用量	0	0	0	0	0	0	0	0	0	0	0	0	0
中间投入	DMU01	24 170	505 596	1 179 529	352 739	1 076 694	1 363 856	278 179	766 928	236 775	0	0	0	0
	DMU02	62 506	300 445	54 207	118 667	230 728	475 155	295 554	646 724	39 282	663 217	139 888	49 008	18 167
	DMU03	0	0	0	0	0	0	0	0	0	0	174 405	11 251	151
	DMU04	0	0	295 165	55 097	77 695	0	0	0	0	0	151 657	57 567	35 422
	DMU05	0	0	4 813	2 720	28 991	6 134	53 700	81 856	23 746	93 556	153 610	90 533	1 006
	DMU06	828 237	2 520 921	557 130	217 159	468 479	2 649 300	1 172 208	1 335 248	2 720 254	859 445	693 295	484 806	2 591
	DMU07	327 766	2 754 191	633 962	58 556	190 708	1 755 769	254 814	890 957	142 473	963 787	19 464	4 815	534

续表

投入\产出		中间使用												
		DMU32	DMU33	DMU34	DMU35	DMU36	DMU37	DMU38	DMU39	DMU40	DMU41	废水治理部门	废气治理部门	固体废物治理部门
中间投入	DMU08	1 329 637	2 657 152	242 085	148 233	575 686	822 033	163 184	2 196 282	808 589	3 151 036	62 253	20 010	93
	DMU09	356 622	538 189	106 238	112 809	567 963	1 099 974	1 773 330	1 194 730	581 146	3 839 021	651 799	146 191	158
	DMU10	1 728 723	19 092 461	349 287	1 249 504	302 107	1 947 185	5 080 435	1 993 599	5 460 094	6 153 384	374 976	544 342	1 671
	DMU11	3 852 197	6 783 318	286 357	1 812 565	1 635 636	2 141 738	1 145 869	653 546	315 366	3 431 810	651 898	523 021	2 528
	DMU12	4 923 368	7 633 257	3 404 853	1 953 211	2 996 049	10 167 038	1 306 470	68 240 143	1 992 504	2 391 564	234 434	131 789	10 035
	DMU13	87 317	113 106	246 662	171 908	619 964	124 044	712 600	892 356	310 992	1 152 305	96 790	1 012 010	3 797
	DMU14	264 438	162 765	157 106	651 083	335 680	299 409	108 648	7 655	22 353	0	1 156 625	2 644 338	30 878
	DMU15	1 789 265	4 278 105	798 479	1 894 280	355 180	579 375	311 618	334 188	192 931	279 714	143 828	30 703	278
	DMU16	1 044 697	1 398 735	471 115	712 464	932 049	283 284	289 762	7 149 147	135 832	549 186	28 403	39 997	542
	DMU17	1 125 558	6 483 760	278 299	1 293 658	1 567 390	4 452 039	966 409	177 532	227 059	3 069 826	15 198	17 414	402
	DMU18	3 270 266	5 975 302	1 382 082	3 693 420	1 161 785	1 914 618	428 078	509 206	267 893	537 908	152 479	75 085	467
	DMU19	883 534	12 309 959	1 235 098	3 333 535	640 428	2 877 067	469 293	117 753	289 768	1 817 573	154 387	149 326	182
	DMU20	576 108	634 437	1 105 179	2 010 366	613 160	1 136 393	1 413 314	373 052	181 961	415 482	10 635	7 119	32
	DMU21	380 937	1 291 440	142 899	195 998	233 503	927 900	247 328	200 795	97 988	534 900	7 245	1 856	69
	DMU22	1 764 948	2 031 958	638 136	613 103	1 268 866	1 294 530	2 648 332	1 857 074	436 277	3 209 332	4 804	2 857	33 849
	DMU23	31 083	205 737	10 330	22 560	40 759	75 293	93 425	74 286	32 506	71 036	269 955	4 286 210	51
	DMU24	53 756	139 109	48 639	104 707	82 971	191 525	196 414	106 506	38 442	135 176	5 935	5 898	16
	DMU25	5 674 325	208 024	111 488	267 634	1 111 893	895 005	697 904	3 095 038	395 390	3 305 615	52 873	122	0
	DMU26	2 225 204	10 485 299	1 299 676	5 262 504	1 028 613	2 452 116	3 720 261	800 566	1 428 156	9 817 889	46 622	208 952	0
	DMU27	188 235	1 002 077	52 654	105 727	42 575	162 552	303 649	51 242	110 589	2 517 785	0	0	0
	DMU28	1 148 895	796 617	178 307	438 336	395 457	398 999	1 177 275	1 454 614	391 805	4 391 088	0	0	0
	DMU29	1 257 956	4 942 133	653 430	1 041 963	635 877	2 087 136	1 068 980	4 769 715	996 917	2 412 557	0	0	0

续表

投入＼产出		中间使用												
		DMU32	DMU33	DMU34	DMU35	DMU36	DMU37	DMU38	DMU39	DMU40	DMU41	废水治理部门	废气治理部门	固体废物治理部门
中间投入	DMU30	4 803 145	14 059 723	1 214 686	3 640 076	1 063 219	1 838 830	3 483 369	1 538 732	1 511 976	14 995 519	0	0	0
	DMU31	12 626 022	9 668 923	134 981	2 807 087	1 420 485	2 475 565	3 649 113	906 467	726 174	3 748 447	0	0	0
	DMU32	3 878 897	3 555 098	142 889	908 548	134 394	3 284 467	1 037 455	305 014	624 815	1 274 234	0	0	0
	DMU33	9 951 130	9 329 515	296 682	1 337 321	657 543	1 664 847	2 517 971	1 136 046	1 064 927	2 105 156	0	0	0
	DMU34	62 072	106 401	752 211	204 295	42 901	3 172	290 559	72 430	48 860	3 173	0	0	0
	DMU35	565 046	158 932	454 987	5 542 518	229 648	89 960	295 819	223 222	33 076	328 224	0	0	0
	DMU36	94 689	1 830 304	19 653	18 748	1 059 325	169 404	183 471	40 267	43 291	545 930	0	0	0
	DMU37	2 169 264	3 299 981	93 308	797 189	1 114 123	4 546 135	1 020 180	871 595	456 829	3 367 432	0	0	0
	DMU38	69 555	102 510	105 386	87 821	73 565	35 820	626 208	151 926	46 349	1 795 418	0	0	0
	DMU39	101 786	34 818	82 721	82 623	165 958	37 762	205 738	393 420	69 457	642 896	0	0	0
	DMU40	1 557 926	914 432	487 595	451 549	324 325	469 290	838 937	229 062	1 483 730	2 928 974	0	0	0
	DMU41	195 069	40 573	8 034	28 309	17 582	27 003	27 091	22 948	10 021	62 970	0	0	0
	废水产生量	0	0	0	0	0	0	0	0	0	0	0	0	0
	废气产生量	0	0	0	0	0	0	0	0	0	0	0	0	0
	固体废物产生量	0	0	0	0	0	0	0	0	0	0	0	0	0
总投入		301 217 564	217 730 174	31 315 400	89 421 060	43 346 421	119 077 579	162 116 722	166 845 589	49 302 451	251 437 853			

附录 5　中国 2012 年绿色投入产出表（单位：万元）

附表 5-1　中国 2012 年绿色投入产出表（中间使用为 DMU01—DMU08）

投入 ＼ 产出		中间使用											
		煤资源恢复部门	石油资源恢复部门	天然气源恢复部门	电力资源恢复部门	DMU01	DMU02	DMU03	DMU04	DMU05	DMU06	DMU07	DMU08
	煤资源动用量	0	0	0	0	0	1184674	0	0	0	0	0	0
	石油资源动用量	0	0	0	0	0	0	64605	0	0	0	0	0
	天然气资源动用量	0	0	0	0	0	0	1358	0	0	0	0	0
	电力资源动用量	0	0	0	0	0	0	0	0	0	0	0	0
中间投入	DMU01	2 495 924	1 470 837	22 540	0	121 985 512	144 540	0	43 658	47 323	316 697 010	64 213 788	8 899 170
	DMU02	871 255	513 427	7 868	0	53 596	35 654 762	307 334	743 458	644 562	1 819 061	1 153 529	429 098
	DMU03	400 899	236 248	3 620	0	0	59 034	1 000 398	86 902	90 303	0	0	0
	DMU04	842 127	496 262	7 605	0	0	102 048	0	17 704 740	177 110	0	0	0
	DMU05	292 752	172 518	2 644	0	5 364	614 128	12 612 314	350 103	811 151	361 139	0	8 461
	DMU06	2 432 243	1 433 310	21 965	0	93 186 201	736 586	502 012	706 181	364 097	199 125 217	1 259 857	12 052 821
	DMU07	1 013 815	597 437	9 155	0	133 075	161 780	14 911	140 601	49 365	762 552	149 223 573	104 166 320
	DMU08	806 314	475 158	7 282	0	260 107	553 115	226 302	326 892	134 912	737 280	1 388 895	39 163 300
	DMU09	563 762	332 223	5 091	0	207 626	4 009 808	13 012	189 679	70 962	359 846	534 706	296 787
	DMU10	840 573	495 346	7 591	0	141 119	241 238	67 741	510 601	86 091	10 910 161	1 254 916	2 437 676
	DMU11	1 456 979	858 592	13 157	0	14 347 806	1 465 336	3 842 169	6 275 518	3 677 314	1 357 324	421 336	510 781
	DMU12	4 074 917	2 401 331	36 799	0	75 046 046	4 728 491	3 039 758	6 286 611	4 808 785	17 355 165	35 969 446	19 573 903
	DMU13	1 680 044	990 043	15 172	0	287 067	955 935	87 999	624 226	1 620 596	3 929 102	320 276	161 737
	DMU14	5 420 971	3 194 555	48 955	0	21 454	9 660 470	4 595 477	1 992 552	1 197 102	78 574	105 315	149 389
	DMU15	1 306 935	770 171	11 802	0	403 917	4 443 831	612 096	2 820 440	1 747 194	2 572 104	199 079	587 770
	DMU16	2 755 400	1 623 745	24 883	0	98 003	4 234 825	1 417 256	3 078 381	1 377 472	1 242 285	828 014	487 933

续表

投入 \ 产出		中间使用											
		煤资源恢复部门	石油资源恢复部门	天然气源恢复部门	电力资源恢复部门	DMU01	DMU02	DMU03	DMU04	DMU05	DMU06	DMU07	DMU08
中间投入	DMU17	1 238 460	729 819	11 184	0	5 782 860	4 375 745	3 537 200	3 469 492	3 207 178	1 150 532	1 389 363	1 487 466
	DMU18	1 980 433	1 167 061	17 885	0	1 103 594	153 406	98 587	471 771	548 924	89 686	8 942	32 304
	DMU19	1 969 173	1 160 425	17 783	0	124 101	1 148 521	408 637	794 630	640 451	375 820	176 382	201 011
	DMU20	2 066 824	1 217 971	18 665	0	28 219	803 386	132 875	170 379	84 723	79 597	37 007	100 848
	DMU21	208 242	122 716	1 881	0	100 220	55 668	1 422 309	70 717	183 062	99 386	15 693	3 546
	DMU22	70 718	41 674	639	0	110 832	397 907	21 352	19 120	62 002	56 072	36 111	1 102 793
	DMU23	366 813	216 161	3 313	0	2 316	38 058	0	5 559	20 575	111 669	2 840	21 290
	DMU24	42 106	24 813	380	0	200 815	136 765	172 641	155 151	145 356	259 313	198 660	119 752
	DMU25	1 834 544	1 081 089	16 567	0	8 798 564	8 813 092	5 478 690	12 161 056	4 195 955	7 156 169	7 038 731	2 220 582
	DMU26	96 200	56 690	869	0	7 699	3 174	13 582	1 000	1 871	30 423	4 072	6 676
	DMU27	52 481	30 927	474	0	33 435	106 258	24 189	161 292	70 544	612 664	162 501	80 841
	DMU28	3 607 534	2 125 904	32 578	0	80 622	574 597	193 417	250 272	223 153	946 379	273 943	380 044
	DMU29	2 273 429	1 339 722	20 531	0	13 055 930	3 077 766	1 059 194	1 903 419	1 269 869	42 105 347	13 554 722	21 341 842
	DMU30	2 142 053	1 262 303	19 344	0	10 737 717	5 186 439	871 512	4 460 430	2 319 327	27 787 868	6 711 223	6 702 852
	DMU31	689 144	406 109	6 223	0	784 833	824 938	170 311	807 508	323 052	3 177 922	721 274	785 088
	DMU32	686 903	404 789	6 203	0	870 607	232 753	108 075	403 177	164 514	838 817	379 874	577 722
	DMU33	1 979 312	1 166 400	17 874	0	10 939 338	10 502 124	1 922 914	3 828 658	2 013 009	9 595 519	3 948 254	3 027 751
	DMU34	1 086 948	640 534	9 816	0	12 004	52 862	22 310	10 734	22 086	205 724	96 601	214 657
	DMU35	1 095 200	645 397	9 890	0	304 961	4 695 760	777 500	2 547 318	1 111 290	11 065 378	1 355 738	3 119 512
	DMU36	837 791	493 707	7 566	0	5 108 972	1 822 765	1 683 584	1 272 276	1 004 443	2 285 330	465 050	869 619
	DMU37	167 791	98 878	1 515	0	1 273 616	94 718	76 938	174 264	158 396	346 858	589 968	61 368
	DMU38	474 175	279 429	4 282	0	757 249	1 350 023	312 636	224 100	360 220	1 818 918	349 400	476 094
	DMU39	570 687	336 303	5 154	0	112 886	161 203	16 115	59 678	17 417	143 379	33 203	58 959
	DMU40	542 188	319 509	4 896	0	65 600	66 974	6 587	32 392	21 930	37 852	18 925	38 426

续表

投入 \ 产出		中间使用											
		煤资源恢复部门	石油资源恢复部门	天然气源恢复部门	电力资源恢复部门	DMU01	DMU02	DMU03	DMU04	DMU05	DMU06	DMU07	DMU08
中间投入	DMU41	204 595	120 567	1 848	0	36 027	239 309	70 238	249 270	65 096	626 825	260 270	295 257
	DMU42	872 188	513 977	7 876	0	345 143	58 072	52 242	80 108	25 588	240 227	63 510	72 277
	废水产生量	0	0	0	0	1 719	314 114	99 696	500 087	20 975	548 545	469 942	78 996
	废气产生量	0	0	0	0	50	3 249	1 896	4 067	1 480	9 238	3 164	533
	固体废物产生量	0	0	0	0	8	38 538	166	110 965	4 488	3 815	693	94
总投入		83 373 968	53 217 363	815 529	0	894 213 473	225 082 366	122 639 212	124 815 555	63 443 836	879 595 838	365 804 812	297 015 972

附表 5-2　中国 2012 年绿色投入产出表（中间使用为 DMU09—DMU20）

投入 \ 产出		中间使用											
		DMU09	DMU10	DMU11	DMU12	DMU13	DMU14	DMU15	DMU16	DMU17	DMU18	DMU19	DMU20
中间投入	煤资源动用量	0	0	0	0	0	0	0	0	0	0	0	0
	石油资源动用量	0	0	0	0	0	0	0	0	0	0	0	0
	天然气资源动用量	0	0	0	0	0	0	0	0	0	0	0	0
	电力资源动用量	0	0	0	0	0	0	0	0	0	0	0	0
	DMU01	20 909 142	12 828 826	16 344	43 947 877	146 197	68 775	146 892	0	30 105	20 876	0	0
	DMU02	520 369	2 722 027	22 846 367	21 554 480	23 525 209	29 124 896	1 342 823	613 392	684 156	315 878	178 146	0
	DMU03	0	0	223 245 709	13 805 820	713 059	406 982	205 081	82 053	184 226	155 038	0	0
	DMU04	0	0	81 125	5 276 856	2 406 677	177 077 597	2 133 271	0	0	5 513	501 788	0

续表

投入 \ 产出		中间使用											
		DMU09	DMU10	DMU11	DMU12	DMU13	DMU14	DMU15	DMU16	DMU17	DMU18	DMU19	DMU20
中间投入	DMU05	33 378	500 791	0	8 757 509	32 848 163	865 895	107 684	0	122 532	63 733	425 235	0
	DMU06	877 117	1 487 038	2 305 672	28 047 133	2 090 048	4 194 932	1 444 334	2 067 152	1 212 223	1 483 954	2 056 138	2 571 463
	DMU07	2 482 964	11 311 824	85 664	14 505 878	1 994 011	614 369	779 041	281 014	868 574	2 740 307	894 792	225 622
	DMU08	2 628 671	1 438 916	192 796	2 776 885	1 945 022	1 003 833	690 471	1 008 632	1 008 856	5 057 978	803 406	380 424
	DMU09	64 118 946	4 995 907	99 054	1 353 180	1 807 285	727 548	2 414 237	1 840 579	1 059 974	4 043 483	827 993	333 845
	DMU10	1 771 632	76 110 692	149 172	7 916 233	6 974 935	751 200	1 678 114	2 849 566	1 190 287	1 451 571	5 544 678	4 730 561
	DMU11	944 078	983 665	28 233 489	73 972 673	17 545 380	50 477 697	2 228 726	2 078 540	1 252 647	2 187 307	1 633 469	1 369 333
	DMU12	14 965 827	36 216 713	9 885 786	520 898 979	36 229 339	16 023 729	17 416 738	14 432 119	15 540 719	32 412 527	46 027 987	36 509 972
	DMU13	1 253 773	824 951	2 873 143	7 380 817	91 915 595	17 512 726	3 394 978	3 185 909	1 460 274	6 918 532	13 373 882	7 186 835
	DMU14	2 116 605	19 190 607	51 724	8 673 039	10 800 469	386 871 588	110 834 728	77 407 509	50 909 237	77 802 987	129 128 028	20 711 631
	DMU15	6 530 489	2 107 679	214 852	7 485 517	12 417 462	6 379 298	42 526 683	17 729 215	13 166 596	13 058 228	19 535 196	9 263 327
	DMU16	1 524 680	893 113	2 520 449	7 061 072	9 822 697	19 584 520	8 945 570	85 673 406	32 615 417	34 610 620	18 986 406	3 134 024
	DMU17	781 010	1 660 530	955 867	3 730 499	3 571 012	3 150 600	3 857 401	2 209 373	39 261 873	1 439 743	2 102 105	2 801 508
	DMU18	16 816	63 933	115 938	172 584	1 971 650	271 351	414 603	4 788 536	8 252 847	202 280 480	97 055	301 074
	DMU19	209 505	633 521	508 060	1 864 350	958 100	1 090 458	1 318 555	25 083 816	12 881 660	20 136 023	78 968 491	29 597 724
	DMU20	90 628	1 250 682	489 526	1 168 698	198 460	242 592	347 661	21 893 420	11 329 402	10 825 229	26 444 616	323 184 816
	DMU21	51 275	64 746	650 367	495 762	329 125	458 420	475 807	2 536 858	1 987 675	5 499 223	2 711 360	2 253 662
	DMU22	17 058	399 470	90 256	122 923	98 543	159 550	151 135	171 578	246 710	287 848	172 252	820 206
	DMU23	12 969	6 888 419	9 277	1 624 199	2 104 822	46 291 461	3 996 657	554 920	17 263	293 926	0	62 292
	DMU24	125 308	151 790	193 390	769 885	869 167	870 031	290 762	388 151	304 306	402 425	279 618	249 953
	DMU25	3 715 330	5 559 124	6 427 523	50 440 092	26 321 497	46 384 078	14 514 003	6 814 717	4 866 270	5 728 122	5 843 865	5 596 759

续表

投入 \ 产出		中间使用											
		DMU09	DMU10	DMU11	DMU12	DMU13	DMU14	DMU15	DMU16	DMU17	DMU18	DMU19	DMU20
中间投入	DMU26	1 130	19 579	359 057	1 265 694	76 381	307 214	212 611	464 297	23 036	3 908	24 914	51 908
	DMU27	106 222	176 486	45 740	756 687	414 528	363 231	159 584	228 062	96 154	131 514	176 526	206 414
	DMU28	312 882	515 754	522 471	1 402 722	890 173	1 020 559	691 185	717 599	381 993	821 575	601 879	1 193 017
	DMU29	4 641 760	9 807 283	4 689 889	34 569 071	10 151 788	9 199 998	7 672 571	12 434 113	9 330 985	29 197 102	15 947 438	26 613 662
	DMU30	6 008 754	8 228 218	7 074 227	33 824 047	18 529 670	23 385 348	9 544 721	12 011 219	8 809 720	18 917 844	12 653 862	10 465 976
	DMU31	717 863	1 075 560	337 483	5 588 124	2 435 545	1 665 295	1 715 316	2 410 142	2 300 796	1 964 569	2 427 123	1 910 789
	DMU32	327 411	498 908	122 881	1 512 549	968 974	733 638	701 800	1 137 619	751 596	516 670	798 949	3 642 720
	DMU33	3 081 017	5 547 500	4 751 593	22 955 331	11 354 099	32 118 545	6 500 496	7 622 346	6 659 365	9 361 492	8 595 901	16 700 283
	DMU34	140 269	265 022	57 249	425 315	282 963	177 395	246 017	301 031	230 854	185 602	311 378	471 872
	DMU35	1 591 533	4 958 521	2 231 256	18 429 449	5 111 163	5 314 695	3 565 853	6 050 085	4 579 148	8 707 796	7 152 692	8 109 647
	DMU36	769 937	1 223 106	358 532	11 075 523	2 116 369	6 165 459	1 796 668	4 989 966	4 520 948	10 522 305	4 777 469	11 090 941
	DMU37	46 598	504 993	187 603	1 786 890	255 650	826 896	92 426	252 256	83 873	232 362	168 318	135 594
	DMU38	384 408	889 180	585 154	3 012 553	1 588 900	2 051 166	1 382 307	1 765 013	1 279 312	3 479 270	1 857 899	1 647 566
	DMU39	39 144	68 308	33 578	233 178	129 110	84 149	107 439	131 957	106 069	140 715	91 417	102 110
	DMU40	22 749	40 842	218 382	79 035	104 002	161 645	108 816	173 449	105 645	151 464	114 796	53 470
	DMU41	199 069	296 802	108 591	1 205 487	685 537	667 103	409 993	743 844	403 904	415 327	599 151	586 931
	DMU42	73 564	89 343	32 692	400 860	169 905	352 402	137 927	205 823	146 612	776 595	222 323	547 594
	废水产生量	9 328	787 865	197 115	932 351	114 242	2 622 064	85 975	19 698	14 022	53 580	17 923	97 378
	废气产生量	2 997	6 583	20 376	39 731	123 285	192 674	5 079	1 129	1 250	5 665	2 008	5 745
	固体废物产生量	241	2 912	3 810	28 276	6 814	52 641	569	196	209	573	89	490
总投入		187 488 755	293 529 370	400 131 723	1 210 245 788	466 046 232	1 101 133 074	322 264 921	422 163 049	311 926 367	646 565 010	500 046 676	648 011 833

附表 5-3 中国 2012 年绿色投入产出表（中间使用为 DMU21—DMU32）

投入 \ 产出		中间使用											
		DMU21	DMU22	DMU23	DMU24	DMU25	DMU26	DMU27	DMU28	DMU29	DMU30	DMU31	DMU32
	煤资源动用量	0	0	0	0	0	0	0	0	0	0	0	0
	石油资源动用量	0	0	0	0	0	0	0	0	0	0	0	0
	天然气资源动用量	0	0	0	0	0	0	0	0	0	0	0	0
	电力资源动用量	0	0	0	0	278	0	0	0	0	0	0	0
中间投入	DMU01	0	1 296 088	0	0	41 816	610	7 518	10 854 555	139 306	7 883 333	25 685 761	515 606
	DMU02	0	794 914	83 562	37 897	88 027 822	2 037 246	20 403	345 657	3 946	548 290	35 011	0
	DMU03	0	0	0	0	4 786 969	14 096 768	0	0	0	0	0	0
	DMU04	0	11 592	24 876	8 825	0	80 715	0	0	0	0	0	0
	DMU05	0	3 380	0	1 129	173 111	496	212	7 699 634	0	251	0	0
	DMU06	273 140	447 733	192 695	15 183	1 564 625	100 749	200 264	3 441 449	2 084 491	7 780 718	70 625 033	2 002 684
	DMU07	54 033	2 322 785	218 215	23 219	2 175	550	1 457	624 479	165 400	420 767	1 415 004	19 489
	DMU08	107 077	139 927	38 690	31 805	282 106	48 436	85 026	5 412 341	612 504	2 130 039	983 109	273 680
	DMU09	77 601	715 176	17 181	32 871	9 110	3 651	1 920	32 736 272	233 193	408 850	199 957	107 052
	DMU10	529 814	372 538	85 357	60 071	673 868	27 244	42 150	3 481 315	7 288 406	2 521 495	887 194	7 904 117
	DMU11	184 775	234 830	201 505	114 980	19 089 462	456 521	37 532	17 447 908	2 087 371	89 939 857	729 697	462 962
	DMU12	2 258 434	4 535 421	1 389 695	322 195	545 893	143 578	1 151 037	60 260 642	1 383 015	8 080 594	2 116 565	1 662 345
	DMU13	1 626 828	409 145	105 052	49 777	343 736	8 970	15 034	268 097 509	44 759	802 644	102 209	121 575
	DMU14	3 522 047	1 961 928	855 003	1 414 473	166 580	62 984	26 374	217 835 730	45 145	1 690 541	1 401	119
	DMU15	1 903 586	655 764	83 347	738 600	134 743	21 568	400 282	57 403 376	159 132	2 467 531	182 704	43 580
	DMU16	1 593 144	556 200	34 591	546 338	1 577 437	58 446	90 994	6 930 367	175 078	7 444 633	86 332	49 663
	DMU17	975 371	103 219	66 586	167 774	213 589	34 371	34 833	6 566 354	7 430	1 703 895	41 847	14 989

续表

投入＼产出		中间使用											
		DMU21	DMU22	DMU23	DMU24	DMU25	DMU26	DMU27	DMU28	DMU29	DMU30	DMU31	DMU32
中间投入	DMU18	104 223	22 216	26 789	964 984	21 000	5 291	3 306	1 208 441	1 722 525	42 829 872	285 217	1 346 786
	DMU19	3 061 556	402 638	906 385	849 773	22 105 450	21 860	17 728	51 232 834	6 730 114	759 356	81 307	14 189 168
	DMU20	10 316 276	383 537	0	287 377	220 483	23 531	10 494	3 186 915	3 443 357	732 861	95 026	23 286 255
	DMU21	7 557 596	84 473	0	122 638	11 673 922	50 514	73 046	875 557	17 289	127 769	3 637	790 600
	DMU22	11 685	682 163	193	2 799	20 467	789	237	867 518	16 422	141 617	70 293	20 399
	DMU23	34 582	2 848	1 874 919	0	0	0	0	0	0	0	0	0
	DMU24	27 773	22 330	14 239	41 460	1 287 407	31 167	29 105	244 740	29 061	886 142	12 841	115 131
	DMU25	549 986	289 402	405 317	418 083	158 033 724	677 136	2 660 566	17 828 614	7 566 305	6 209 465	1 851 529	3 045 363
	DMU26	1 338	60 586	3 723	435	622 459	3 226 779	2 841	9 511	13 921	6 745 337	704 007	7 315
	DMU27	23 207	110 140	57 995	8 898	718 085	9 482	738 939	999 814	145 695	202 436	423 740	30 037
	DMU28	83 065	60 670	69 257	26 210	1 935 857	44 682	112 527	37 139 526	1 836 508	4 841 516	908 100	1 087 068
	DMU29	1 767 353	1 114 818	317 916	298 638	5 509 139	235 253	247 962	27 052 098	20 037 650	13 054 146	14 032 292	6 645 683
	DMU30	1 409 624	746 634	732 384	255 279	6 316 582	896 164	199 931	43 221 885	24 389 937	87 422 260	4 458 286	3 124 316
	DMU31	558 835	122 269	103 635	75 364	835 983	98 608	97 056	6 625 145	3 844 229	8 322 115	416 486	1 634 571
	DMU32	179 651	38 913	44 348	27 035	1 481 607	44 131	146 052	15 466 066	2 209 053	5 722 002	964 603	30 789 113
	DMU33	1 363 449	651 224	519 913	177 818	23 198 250	1 398 743	1 204 652	38 317 675	27 978 476	51 136 106	3 213 315	9 915 484
	DMU34	105 230	20 518	21 431	4 366	26 954	40 240	2 238	106 304	32 719 768	2 225 739	2 326 521	5 332 528
	DMU35	563 411	171 583	200 326	193 762	1 780 842	149 277	54 055	9 308 048	63 445 452	7 755 837	2 399 275	11 344 220
	DMU36	962 774	103 765	32 479	26 017	2 049 293	26 462	34 990	49 597 341	2 758 036	892 767	7 113	3 538 518
	DMU37	14 976	28 619	9 531	1 002	1 628 449	30 429	1 172 428	181 497	379 725	287 344	63 440	129 054
	DMU38	191 679	68 947	60 928	28 343	927 813	74 234	117 941	6 127 529	5 033 189	10 935 838	955 705	783 010
	DMU39	24 228	11 155	5 159	9 986	49 871	7 625	13 766	620 583	428 691	369 621	75 962	181 543
	DMU40	17 551	2 073	2 121	0	107 911	9 071	450	244 504	148 415	144 627	11 559	847
	DMU41	80 991	39 059	27 164	12 401	784 347	43 106	64 212	1 586 510	656 897	1 153 935	514 092	870 314

续表

投入 \ 产出		中间使用											
		DMU21	DMU22	DMU23	DMU24	DMU25	DMU26	DMU27	DMU28	DMU29	DMU30	DMU31	DMU32
中间投入	DMU42	30 216	16 177	3 765	29 193	97 804	6 519	7 153	450 545	301 819	302 645	51 753	441 013
	废水产生量	4 623	9 788	4 335	2 129	299 783	2 040	14	0	0	0	0	0
	废气产生量	296	489	336	424	203 436	341	0	0	0	0	0	0
	固体废物产生量	18	76	251	17	61 529	61	0	0	0	0	0	0
总投入		54 723 553	25 130 652	42 225 883	9 430 063	486 933 591	31 228 470	17 010 862	1 386 125 872	721 553 392	619 666 563	233 344 905	250 850 952

附表 5-4　中国 2012 年绿色投入产出表（中间使用为 DMU33—DMU42）

投入 \ 产出		中间使用												
		DMU33	DMU34	DMU35	DMU36	DMU37	DMU38	DMU39	DMU40	DMU41	DMU42	废水治理部门	废气治理部门	固体废物治理部门
中间投入	煤资源动用量	0	0	0	0	0	0	0	0	0	0	0	0	0
	石油资源动用量	0	0	0	0	0	0	0	0	0	0	0	0	0
	天然气资源动用量	0	0	0	0	0	0	0	0	0	0	0	0	0
	电力资源动用量	0	0	0	0	0	0	0	0	0	0	0	0	0
	DMU01	6 375	91 930	2 404 543	2 085 761	4 198 382	677 462	1 171 361	641 416	218 543	3 966	736	386	7
	DMU02	0	29 752	9 516	127 656	169 517	177 998	286 674	334 854	63 819	306 376	160 053	41 797	34 756
	DMU03	0	0	0	0	0	0	0	0	0	0	236 602	14 399	154
	DMU04	0	0	0	91 795	0	0	0	0	0	0	261 012	36 615	67 308
	DMU05	0	0	0	9 540	1 249	3 308	145	262	2 638	15	21 380	13 828	2 929

续表

投入 \ 产出		中间使用												
		DMU33	DMU34	DMU35	DMU36	DMU37	DMU38	DMU39	DMU40	DMU41	DMU42	废水治理部门	废气治理部门	固体废物治理部门
中间投入	DMU06	1 542 347	1 542 101	4 943 707	2 138 776	570 533	4 063 389	4 665 331	3 284 611	4 823 006	4 851 205	391 470	153 907	3 578
	DMU07	55 822	184 594	311 958	680 776	419 085	697 930	469 893	3 172 574	266 483	3 126 939	453 206	92 153	662
	DMU08	3 252 354	770 043	4 486 920	173 770	448 976	762 135	65 446	1 812 681	2 019 715	7 355 212	95 368	14 091	89
	DMU09	440 526	211 045	175 504	83 732	166 046	268 732	603	4 543	256 904	1 446 361	8 894	29 567	227
	DMU10	18 687 156	2 104 194	27 526 837	2 758 279	685 121	1 874 991	4 889 171	718 435	5 488 456	8 074 509	613 797	169 126	2 736
	DMU11	2 419 932	680 420	20 325 523	7 229 369	1 226 035	1 126 249	1 478 368	400 034	267 453	6 040 202	418 802	522 759	3 517
	DMU12	511 222	553 905	6 878 246	15 250 118	4 300 956	10 526 189	4 038 624	73 001 504	1 325 306	2 747 426	1 399 605	801 083	21 695
	DMU13	50 353	44 981	179 398	755 124	932 583	193 762	509 142	187 624	314 792	1 212 500	135 225	1 214 942	6 450
	DMU14	0	1 603	851	549 151	98 366	326 488	29 977	9	14 574	33	1 383 248	3 816 519	46 731
	DMU15	78 797	642 027	9 857 535	9 988 298	321 694	1 390 292	435 171	55 818	62 296	711 149	191 712	75 329	506
	DMU16	519 880	117 273	222 888	392 266	204 489	197 564	221 479	24 307	30 088	139 907	27 949	17 155	176
	DMU17	848 854	164 116	1 419	43 875	49 443	99 594	6 621	7 212 879	5 786	16 235	12 849	17 682	193
	DMU18	614 978	57 405	14 975 527	2 433 171	1 639 416	7 230 561	2 088	252 713	162 082	5 100 784	87 145	88 759	539
	DMU19	95 455	450 944	15 845 477	7 819 438	1 102 840	2 806 777	8 497	551 539	230 680	913 386	39 614	42 134	84
	DMU20	773 929	342 896	14 882 298	16 627 281	199 827	6 526 326	441 730	217 937	129 123	1 122 802	469 962	99 794	462
	DMU21	13 781	21 535	40 534	7 104 539	337 668	570 410	1 940 644	137 737	194 419	587 484	6 740	3 644	10
	DMU22	298 002	490 217	5 232 300	1 766 948	361 991	1 234 300	80	46 014	219 458	2 661	12 559	11 628	71
	DMU23	0	0	0	0	0	0	0	0	0	0	6 193	6 056	228
	DMU24	23 016	74 427	21 586	48 187	47 691	203 603	37 935	34 992	14 893	21 300	3 089	2 000	16
	DMU25	3 249 285	1 992 890	774 577	1 368 390	1 742 788	2 174 340	1 218 808	1 358 261	475 608	2 933 939	232 901	7 231 127	54 314
	DMU26	23 422	759 548	74 026	44 686	175 655	656 642	231 218	103 813	79 080	92 775	6 908	6 041	58

续表

投入＼产出		中间使用												
		DMU33	DMU34	DMU35	DMU36	DMU37	DMU38	DMU39	DMU40	DMU41	DMU42	废水治理部门	废气治理部门	固体废物治理部门
中间投入	DMU27	254 829	217 909	30 023	149 668	222 647	436 390	225 283	177 823	37 494	240 338	6	2	0
	DMU28	5 019 736	9 891 334	723 940	1 237 580	1 296 780	975 640	1 106 078	618 727	647 381	4 203 774	0	0	0
	DMU29	6 949 809	1 705 895	15 095 347	7 400 383	1 441 020	4 953 129	2 300 294	7 808 127	3 433 985	7 041 556	0	0	0
	DMU30	12 212 349	2 445 825	17 529 136	7 919 245	2 292 201	4 033 881	5 605 371	2 977 692	3 101 382	19 069 302	0	0	0
	DMU31	20 378 386	1 933 254	13 213 381	7 280 450	821 452	2 020 920	4 045 593	1 094 620	1 874 331	13 003 617	0	0	0
	DMU32	15 598 125	1 726 850	1 759 145	1 140 744	604 199	699 449	3 051 392	2 701 037	841 886	9 191 103	0	0	0
	DMU33	36 113 858	43 388 699	23 255 282	9 424 128	4 020 202	3 351 685	7 788 015	2 878 129	1 540 190	9 296 451	0	0	0
	DMU34	36 909 806	13 255 394	3 015 354	1 314 777	246 863	7 743 076	1 848 839	1 264 580	943 130	3 285 704	0	0	0
	DMU35	53 642 085	16 476 759	19 498 680	5 503 888	1 074 761	2 951 210	1 220 402	257 020	1 324 015	5 297 511	0	0	0
	DMU36	1 036 401	91 822	180 999	31 520 984	205 788	12 559	1 610 692	163 527	91 843	130 809	0	0	0
	DMU37	646 037	118 303	1 254 567	67 372	1 016 075	156 434	104 607	94 473	99 164	633 160	0	0	0
	DMU38	3 455 736	805 075	2 506 274	2 781 395	2 694 725	2 989 887	2 461 659	1 558 388	897 502	6 676 604	0	0	0
	DMU39	2 951 290	142 295	143 549	406 334	170 636	124 931	2 944 474	479 846	105 786	2 640 545	0	0	0
	DMU40	161 644	856	2 232	14 984	11 242	33 278	71 085	971 699	23 406	913 052	0	0	0
	DMU41	6 428 240	805 736	581 744	606 599	215 533	520 951	866 321	382 573	2 756 415	3 743 099	0	0	0
	DMU42	576 732	548 519	2 524 030	209 283	85 305	218 353	278 685	117 433	70 312	1 811 425	0	0	0
	废水产生量	0	0	0	0	0	0	0	0	0	0	0	0	0
	废气产生量	0	0	0	0	0	0	0	0	0	0	0	0	0
	固体废物产生量	0	0	0	0	0	0	0	0	0	0	0	0	0
总投入		590 140 254	419 085 368	344 051 923	249 336 128	61 624 086	157 224 488	220 302 538	207 698 068	70 036 568	336 382 794	20 043 376	43 548 055	761 977

附录　中国绿色投入产出表系

附录 6　中国 2015 年绿色投入产出表（单位：万元）

附表 6-1　中国 2015 年绿色投入产出表（中间使用为 DMU01—DMU08）

投入＼产出		中间使用											
		煤资源恢复部门	石油资源恢复部门	天然气源恢复部门	电力资源恢复部门	DMU01	DMU02	DMU03	DMU04	DMU05	DMU06	DMU07	DMU08
	煤资源动用量	0	0	0	0	1 217 985	0	0	0	0	0	0	0
	石油资源动用量	0	0	0	0	0	67 308	0	0	0	0	0	0
	天然气资源动用量	0	0	0	0	0	1 688	0	0	0	0	0	0
中间投入	DMU01	1 870 552	122 335	15 818	138 426 119	178 825	214	55 326	63 815	424 365 876	92 758 515	13 942 702	27 032 327
	DMU02	668 035	43 690	5 649	35 139	40 412 450	135 361	603 924	512 034	967 729	516 638	182 756	302 359
	DMU03	204 911	13 401	1 733	0	23 408	270 547	49 941	41 685	0	0	0	0
	DMU04	563 477	36 852	4 765	0	122 855	0	18 628 683	278 651	0	0	0	0
	DMU05	282 972	18 506	2 393	4 416	1 755 518	13 774 456	925 846	1 978 083	615 696	0	8 168	44 913
	DMU06	1 990 572	130 184	16 833	131 129 268	1 312 069	325 512	1 451 065	953 130	286 698 078	1 794 728	15 828 215	1 650 035
	DMU07	832 180	54 425	7 037	142 258	260 712	8 692	256 663	101 090	839 279	174 861 018	129 099 347	3 753 900
	DMU08	693 805	45 375	5 867	341 654	1 111 585	169 429	685 178	335 625	1 113 353	1 999 184	54 396 227	4 757 648
	DMU09	459 941	30 080	3 890	226 302	5 673 803	10 249	315 770	141 481	399 091	564 584	349 019	88 724 067
	DMU10	710 801	46 487	6 011	142 103	390 921	39 816	751 095	182 679	12 587 243	1 421 805	2 876 094	2 548 642
	DMU11	864 378	56 531	7 310	9 317 594	1 269 384	7 468 340	4 748 274	3 630 636	675 054	293 490	215 706	692 349
	DMU12	3 424 519	223 965	28 960	97 012 276	6 829 485	1 500 975	9 232 109	6 945 675	17 879 874	37 526 472	22 035 720	20 359 655
	DMU13	1 513 214	98 965	12 797	245 837	1 170 999	45 647	877 679	2 189 174	4 618 406	352 983	180 818	1 775 689
	DMU14	3 718 333	243 180	31 444	12 314	8 823 534	1 533 365	2 152 981	1 087 507	96 512	102 346	132 102	1 943 087
	DMU15	1 061 154	69 400	8 974	410 322	6 655 483	341 711	4 443 377	3 344 604	2 633 653	229 626	689 192	9 058 893
	DMU16	1 870 525	122 333	15 818	99 994	6 806 713	849 539	5 224 633	3 044 392	1 428 129	987 472	605 860	2 377 516

续表

投入＼产出		中间使用											
		煤资源恢复部门	石油资源恢复部门	天然气源恢复部门	电力资源恢复部门	DMU01	DMU02	DMU03	DMU04	DMU05	DMU06	DMU07	DMU08
中间投入	DMU17	802 591	52 490	6 787	7 342 116	7 294 365	2 242 178	6 149 196	6 550 387	1 525 141	1 761 529	2 042 104	1 295 575
	DMU18	1 560 789	102 076	13 199	1 104 636	286 195	63 475	927 252	1 313 447	118 691	14 688	43 446	27 416
	DMU19	1 642 375	107 412	13 889	148 246	1 767 422	230 810	1 378 814	1 363 488	450 242	208 531	264 547	332 114
	DMU20	1 793 206	117 276	15 164	33 222	1 440 771	96 969	331 107	215 554	105 876	54 054	132 056	171 664
	DMU21	194 348	12 710	1 644	107 310	91 481	852 571	129 929	254 371	109 899	18 659	4 396	81 811
	DMU22	65 264	4 268	552	130 855	703 632	14 050	37 364	91 427	67 268	47 990	1 509 252	29 251
	DMU23	202 931	13 272	1 716	1 373	40 453	209	4 835	27 289	73 660	3 639	14 237	11 732
	DMU24	41 331	2 703	350	204 508	233 972	109 638	292 478	307 249	293 341	250 241	161 036	208 664
	DMU25	1 673 051	109 418	14 148	7 168 295	10 627 122	4 077 239	12 363 905	5 191 461	5 264 057	6 496 486	1 745 612	3 790 322
	DMU26	102 863	6 727	870	9 673	7 372	10 546	2 045	5 568	41 434	6 246	10 590	2 305
	DMU27	52 209	3 414	442	40 350	180 261	15 243	273 085	145 838	712 082	201 978	106 413	176 843
	DMU28	3 228 297	211 132	27 300	90 933	871 490	109 085	417 375	453 257	1 158 949	306 334	456 190	460 846
	DMU29	2 101 393	137 432	17 770	12 316 883	5 277 529	674 955	3 423 775	2 781 347	50 312 564	17 122 048	28 403 349	7 723 120
	DMU30	1 722 445	112 648	14 566	11 619 614	7 571 741	488 242	6 131 064	4 697 222	26 508 767	6 985 235	7 453 176	8 539 664
	DMU31	562 942	36 817	4 761	1 016 660	1 578 296	120 372	1 584 920	831 688	4 425 697	1 021 523	1 174 369	1 337 222
	DMU32	647 519	42 348	5 476	1 028 566	518 750	74 688	831 825	487 838	1 182 564	601 249	1 017 430	688 817
	DMU33	1 823 322	119 246	15 419	10 881 607	16 815 554	1 155 789	6 519 146	4 416 617	10 792 743	4 662 915	3 836 836	4 866 374
	DMU34	932 603	60 993	7 887	18 294	119 061	18 667	24 300	62 562	345 266	160 867	377 002	304 122
	DMU35	1 208 803	79 056	10 222	396 627	9 775 200	600 278	5 516 446	3 175 298	16 734 584	2 104 541	5 090 620	3 219 819
	DMU36	662 369	43 319	5 601	5 483 228	2 521 770	725 433	2 464 178	2 208 895	2 411 439	443 784	1 096 739	1 148 873
	DMU37	151 192	9 888	1 279	1 244 487	170 461	43 469	320 801	356 891	467 801	749 773	89 305	83 435
	DMU38	378 805	24 774	3 203	818 077	2 227 382	195 380	383 550	812 357	2 090 794	430 325	619 351	620 174
	DMU39	484 808	31 707	4 100	157 132	348 455	12 969	130 425	50 662	246 946	53 003	99 641	82 105
	DMU40	545 213	35 657	4 611	138 432	270 183	9 987	130 292	127 160	100 076	59 052	118 683	89 973

续表

投入 \ 产出		中间使用											
		煤资源恢复部门	石油资源恢复部门	天然气源恢复部门	电力资源恢复部门	DMU01	DMU02	DMU03	DMU04	DMU05	DMU06	DMU07	DMU08
中间投入	DMU41	545 213	35 657	4 611	48 743	501 346	53 006	516 017	187 569	946 406	392 396	468 892	400 169
	DMU42	181 566	11 874	1 535	610 634	163 969	54 967	251 208	96 757	579 152	138 887	168 933	221 579
	废水产生量	709 311	46 389	5 998	0	339 628	109 442	423 887	22 765	493 693	370 316	84 388	10 266
	废气产生量	0	0	0	0	1 908	1 575	3 922	1 061	10 237	0	660	6 016
	固体废物产生量	0	0	0	0	39 046	224	60 708	3 282	3 407	681	101	253
总投入		59 170 049	4 553 604	588 800	1 070 563 649	227 312 372	84 435 925	138 603 618	88 000 194	1 144 256 392	436 815 502	398 142 032	257 642 597

附表 6-2 中国 2015 年绿色投入产出表（中间使用为 DMU09—DMU20）

投入 \ 产出		中间使用											
		DMU09	DMU10	DMU11	DMU12	DMU13	DMU14	DMU15	DMU16	DMU17	DMU18	DMU19	DMU20
中间投入	煤资源动用量	0	0	0	0	0	0	0	0	0	0	0	0
	石油资源动用量	0	0	0	0	0	0	0	0	0	0	0	0
	天然气资源动用量	0	0	0	0	0	0	0	0	0	0	0	0
	电力资源动用量	0	0	0	0	0	0	0	0	0	0	0	0
	DMU01	27 032 327	19 470 519	23 305	73 174 968	336 634	161 091	195 909	71 018	88 514	23 066	12 125	0
	DMU02	302 359	1 637 807	21 562 755	22 486 264	17 972 938	27 934 114	938 732	441 036	279 146	118 083	105 271	0
	DMU03	0	0	149 247 372	6 592 431	278 469	222 800	96 301	54 755	29 909	47 884	0	0
	DMU04	0	0	128 660	5 740 926	3 042 277	170 067 186	2 438 109	188 414	0	0	629 575	0
	DMU05	44 913	636 343	0	11 208 662	48 249 409	1 012 795	137 227	37 359	124 838	70 513	576 899	0

续表

投入 \ 产出		中间使用											
		DMU09	DMU10	DMU11	DMU12	DMU13	DMU14	DMU15	DMU16	DMU17	DMU18	DMU19	DMU20
中间投入	DMU06	1 650 035	2 900 821	5 321 636	54 880 597	4 845 245	6 688 989	2 888 559	3 476 142	1 726 058	2 198 832	3 317 463	3 554 362
	DMU07	3 753 900	16 817 637	171 201	22 087 384	3 499 484	936 832	1 278 183	431 628	1 004 301	4 013 935	1 278 494	257 500
	DMU08	4 757 648	2 644 278	464 672	5 189 000	4 764 694	1 753 078	1 454 564	1 824 680	1 512 268	7 559 003	1 351 787	572 211
	DMU09	88 724 067	6 790 324	188 412	1 816 877	3 023 301	975 507	3 617 943	2 354 935	1 104 159	5 798 694	1 045 700	390 560
	DMU10	2 548 642	104 447 654	271 121	10 702 657	10 924 186	1 090 683	2 745 296	3 755 676	1 273 251	1 859 815	6 905 931	5 631 231
	DMU11	692 349	653 620	38 756 187	79 730 505	16 762 509	49 100 661	1 814 842	1 524 423	880 141	1 069 749	954 931	741 973
	DMU12	20 359 655	48 502 674	16 715 569	650 271 907	59 439 832	19 972 648	25 275 308	16 776 823	16 507 947	39 997 812	55 181 985	41 611 770
	DMU13	1 775 689	1 133 328	3 090 993	10 114 985	131 649 027	22 953 256	5 235 424	3 966 165	1 563 528	9 547 506	18 615 814	9 204 845
	DMU14	1 943 087	23 346 932	62 096	10 395 982	14 783 173	395 462 823	124 861 486	78 533 771	39 382 503	71 965 053	149 266 840	21 855 973
	DMU15	9 058 893	3 028 505	357 036	10 792 213	20 715 251	7 751 313	58 632 619	23 430 390	14 122 232	15 975 219	24 320 762	10 664 500
	DMU16	2 377 516	1 388 174	3 972 891	10 815 290	17 172 689	24 916 351	15 182 625	114 061 938	38 067 593	44 581 645	25 097 369	3 856 821
	DMU17	1 295 575	2 873 861	1 920 145	5 786 034	6 133 003	4 351 147	6 738 558	3 307 000	45 887 064	1 960 156	3 044 214	3 542 388
	DMU18	27 416	103 379	266 946	325 199	4 607 882	440 669	706 407	6 806 170	10 540 511	269 861 724	195 223	363 667
	DMU19	332 114	953 741	1 004 291	2 912 307	1 833 553	1 570 409	2 149 089	34 456 064	14 310 307	25 307 709	100 843 661	37 071 700
	DMU20	171 664	1 968 581	1 206 279	2 120 490	501 015	452 388	642 197	28 820 908	13 644 266	16 424 110	36 453 235	412 535 952
	DMU21	81 811	102 261	1 278 332	761 450	571 800	617 601	802 414	3 579 482	2 289 750	6 913 601	3 516 031	2 517 526
	DMU22	29 251	669 404	204 868	207 292	192 167	244 779	281 840	279 392	302 992	416 898	260 954	1 121 513
	DMU23	11 732	6 386 539	7 210	1 434 510	2 301 074	38 994 988	3 877 521	575 395	26 541	238 091	4 860	37 909
	DMU24	208 664	254 416	409 442	1 242 192	1 474 632	1 261 655	523 005	584 691	379 186	560 749	406 678	336 813
	DMU25	3 790 322	6 283 293	13 812 170	61 990 042	28 224 452	68 417 856	18 430 395	7 353 837	3 961 752	5 252 102	5 858 762	5 283 809
	DMU26	2 305	39 907	921 051	2 414 169	214 739	518 342	463 394	866 521	37 019	6 629	47 476	67 906

续表

投入 \ 产出		中间使用											
		DMU09	DMU10	DMU11	DMU12	DMU13	DMU14	DMU15	DMU16	DMU17	DMU18	DMU19	DMU20
中间投入	DMU27	176 843	296 961	80 479	1 215 941	842 414	532 412	284 581	346 703	118 354	190 463	257 783	284 345
	DMU28	460 846	762 569	986 265	2 009 387	1 610 200	1 385 826	1 103 346	1 021 327	437 935	1 055 205	810 675	1 523 983
	DMU29	7 723 120	16 211 400	9 517 394	55 991 981	20 545 553	13 741 899	13 836 794	19 383 363	11 838 308	42 254 344	23 737 445	35 897 709
	DMU30	8 539 664	12 034 194	10 200 422	47 124 089	32 075 491	28 399 585	14 729 565	16 863 862	9 957 817	21 367 695	16 266 132	13 461 558
	DMU31	1 337 222	2 034 473	756 049	10 040 309	5 704 244	2 960 080	3 466 461	4 319 859	3 263 419	3 171 984	4 013 628	3 047 986
	DMU32	688 817	1 019 155	336 774	2 777 518	2 448 478	1 399 159	1 547 480	2 242 347	1 166 277	881 915	1 390 374	6 266 264
	DMU33	4 866 374	8 856 070	8 930 316	34 586 025	19 842 782	46 114 053	10 989 954	11 658 991	8 001 544	12 621 568	12 086 112	20 378 606
	DMU34	304 122	575 878	166 333	921 593	779 132	381 849	582 608	637 146	393 171	367 189	609 600	872 322
	DMU35	3 219 819	9 900 771	5 697 657	35 898 887	12 197 010	9 769 533	7 818 198	11 820 682	7 021 761	15 502 647	12 934 847	14 323 783
	DMU36	1 148 873	1 910 786	469 347	15 386 727	4 062 875	6 786 837	2 891 591	6 628 888	4 672 620	12 910 111	5 213 060	11 294 203
	DMU37	83 435	775 534	329 794	2 659 009	494 696	1 131 915	182 568	417 247	118 722	332 957	265 231	200 389
	DMU38	620 174	1 453 107	1 059 885	4 589 226	3 176 309	2 836 422	2 398 706	2 720 755	1 557 485	4 842 462	2 679 500	2 163 810
	DMU39	82 105	145 488	85 664	474 972	334 954	167 535	244 954	270 370	170 126	258 578	173 838	183 338
	DMU40	89 973	163 059	1 100 613	298 960	491 197	566 456	462 123	632 992	318 387	484 956	411 263	162 662
	DMU41	400 169	613 388	260 352	2 359 676	1 679 310	1 246 300	920 026	1 423 752	646 614	723 182	1 085 452	961 384
	DMU42	221 579	268 829	108 449	1 172 774	632 929	901 522	449 324	594 987	341 997	2 313 959	618 132	1 471 021
	废水产生量	10 266	323 318	179 771	847 572	100 445	2 119 522	94 363	20 171	12 760	54 550	21 619	117 852
	废气产生量	6 016	7 262	22 074	46 793	124 687	213 633	6 445	1 894	1 062	7 255	3 083	8 195
	固体废物产生量	253	2 814	3 957	34 756	7 576	56 692	816	164	144	631	112	334
总投入		257 642 597	391 989 962	384 337 323	1 562 054 667	642 897 137	1 123 648 262	428 206 342	523 937 361	339 078 671	826 374 177	643 641 804	827 760 366

附表 6-3 中国 2015 年绿色投入产出表（中间使用为 DMU21—DMU32）

投入＼产出		中间使用											
		DMU21	DMU22	DMU23	DMU24	DMU25	DMU26	DMU27	DMU28	DMU29	DMU30	DMU31	DMU32
中间投入	煤资源动用量	0	0	0	0	0	0	0	0	0	0	0	0
	石油资源动用量	0	0	0	0	0	0	0	0	0	0	0	0
	天然气资源动用量	0	0	0	0	0	0	0	0	0	0	0	0
	电力资源动用量	0	0	0	0	427	0	0	0	0	0	0	0
	DMU01	0	2 651 048	52 779	0	79 394	1 904	11 283	18 386 365	264 047	7 239 363	35 572 699	669 731
	DMU02	0	580 724	257 955	22 865	73 643 188	3 925 968	12 926	417 206	3 845	522 197	22 684	0
	DMU03	0	0	0	0	2 673 216	16 932 363	0	0	0	0	0	0
	DMU04	0	11 764	158 640	8 777	0	198 786	0	0	0	0	0	0
	DMU05	0	4 158	3 073	1 341	414 885	1 568	350	12 174 157	0	10 513	0	0
	DMU06	482 811	855 016	1 006 464	31 677	2 679 120	421 405	501 904	7 791 423	4 001 944	12 213 097	96 766 864	2 801 508
	DMU07	81 398	3 320 291	969 512	32 472	1 825	1 988	2 853	1 146 490	233 288	467 044	1 578 645	22 524
	DMU08	189 103	250 171	223 517	56 018	542 971	224 946	205 895	12 061 165	1 139 262	3 463 156	1 249 851	358 460
	DMU09	98 598	913 790	80 832	40 956	17 915	17 138	4 533	50 671 307	442 143	746 786	218 457	165 570
	DMU10	711 876	502 550	384 580	81 238	1 015 756	98 423	87 647	6 807 089	10 998 618	4 282 032	897 305	11 818 923
	DMU11	106 315	228 063	661 191	58 893	18 134 773	1 263 146	48 883	20 704 554	1 953 727	74 051 558	468 810	328 865
	DMU12	2 852 668	5 782 766	5 512 503	398 743	704 184	448 922	1 992 896	94 248 125	1 959 657	10 077 910	2 188 514	2 332 376
	DMU13	2 225 518	549 772	460 276	67 034	432 405	30 959	22 665	391 725 541	58 665	1 090 521	99 725	159 874
	DMU14	3 535 583	2 201 917	3 411 980	1 418 240	158 629	158 530	34 445	236 099 652	50 577	1 284 032	1 223	83
	DMU15	2 537 951	885 234	421 751	962 578	199 137	74 827	724 731	97 448 459	222 702	2 377 653	172 767	51 902
	DMU16	2 276 451	799 260	443 315	767 278	2 500 536	218 029	177 525	11 571 748	260 877	7 782 523	86 446	52 409
	DMU17	1 506 609	155 121	395 388	245 648	368 624	137 753	73 718	11 983 281	12 154	2 009 853	45 157	18 164

续表

投入 \ 产出		中间使用											
		DMU21	DMU22	DMU23	DMU24	DMU25	DMU26	DMU27	DMU28	DMU29	DMU30	DMU31	DMU32
中间投入	DMU18	155 639	33 390	180 645	1 507 862	38 655	20 484	6 679	2 461 331	3 027 096	68 707 146	303 797	2 162 297
	DMU19	4 269 444	588 366	4 008 267	1 179 481	28 031 324	85 518	34 160	81 694 018	11 584 954	1 009 344	88 821	14 627 699
	DMU20	14 146 586	577 561	30 591	502 880	415 273	91 309	21 915	6 349 540	5 661 828	1 181 466	104 267	38 054 221
	DMU21	10 234 357	122 954	0	172 332	15 103 014	188 965	142 600	1 321 550	26 088	153 099	3 651	942 227
	DMU22	18 428	1 089 268	2 063	4 315	34 843	3 237	507	1 756 355	27 185	139 777	79 430	23 496
	DMU23	28 389	2 367	4 828 454	0	0	0	0	0	0	0	0	0
	DMU24	42 286	34 424	70 762	61 704	2 113 828	123 484	60 178	493 360	46 446	1 058 167	13 679	129 102
	DMU25	411 034	256 931	1 870 176	339 966	230 686 556	1 681 637	3 822 410	23 607 946	8 821 873	6 469 372	1 477 249	2 496 125
	DMU26	2 463	112 932	25 002	782	1 236 124	9 470 671	7 102	24 051	26 902	13 483 648	903 426	12 790
	DMU27	35 088	168 610	274 865	13 151	1 170 700	37 307	1 218 010	1 906 806	231 227	269 808	455 044	35 990
	DMU28	124 362	89 167	299 362	34 606	2 820 157	157 051	206 405	64 637 650	2 603 822	6 556 850	859 697	1 091 149
	DMU29	2 989 484	1 851 110	1 587 029	445 478	9 069 257	934 206	513 866	52 222 675	35 661 574	19 956 398	14 776 885	9 815 334
	DMU30	2 195 600	1 051 574	3 050 283	333 675	8 600 307	2 535 342	392 433	85 147 778	37 713 690	129 696 986	5 023 339	5 262 243
	DMU31	1 055 232	226 853	568 125	125 876	1 523 419	436 813	225 258	14 379 050	6 845 367	14 437 690	488 502	2 481 400
	DMU32	360 478	81 985	267 559	46 450	3 244 974	203 241	439 090	32 611 951	4 117 580	8 841 707	1 141 522	50 225 421
	DMU33	2 141 609	1 005 200	2 380 236	260 420	35 548 560	5 120 765	2 310 186	72 625 875	42 281 204	72 046 319	3 226 353	13 069 832
	DMU34	233 413	44 675	136 265	8 540	58 358	209 548	6 081	268 525	68 729 637	3 833 475	3 262 476	9 897 717
	DMU35	1 157 427	346 687	1 192 918	351 883	3 550 461	720 006	135 035	20 989 447	123 749 097	12 527 499	3 108 817	19 069 362
	DMU36	1 159 869	131 354	162 627	40 119	3 016 164	86 229	64 372	93 728 429	3 065 637	1 138 891	5 921	2 931 369
	DMU37	29 517	49 226	50 135	2 112	2 308 886	108 392	2 078 936	425 070	713 962	399 959	71 238	179 993
	DMU38	313 076	112 283	291 172	40 527	1 476 935	284 416	235 998	11 593 891	8 473 231	14 405 312	963 766	958 073
	DMU39	51 752	23 391	32 122	18 811	103 714	38 238	36 026	1 525 685	867 166	683 588	101 573	291 505
	DMU40	69 771	8 089	27 640	0	417 861	84 662	2 191	1 131 695	558 736	517 609	28 857	2 632
	DMU41	178 036	79 137	162 845	24 367	1 434 926	202 472	154 623	3 765 620	1 362 959	2 090 704	691 130	1 185 739

续表

投入＼产出		中间使用											
		DMU21	DMU22	DMU23	DMU24	DMU25	DMU26	DMU27	DMU28	DMU29	DMU30	DMU31	DMU32
中间投入	DMU42	92 824	43 817	36 897	82 698	259 650	46 898	25 141	1 568 879	838 894	744 300	92 120	1 125 801
	废水产生量	4 450	14 138	5 557	2 907	240 095	3 025	0	0	0	0	0	0
	废气产生量	264	5 823	493	160	207 431	379	0	0	0	0	0	0
	固体废物产生量	9	82	284	17	60 052	68	0	0	0	0	0	0
总投入		76 740 323	36 689 582	44 162 288	14 685 230	589 941 822	58 105 072	25 159 602	2 019 037 211	1 052 291 057	814 159 179	298 684 611	379 032 431

附表 6-4　中国 2015 年绿色投入产出表（中间使用为 DMU33—DMU42）

投入＼产出		中间使用												
		DMU33	DMU34	DMU35	DMU36	DMU37	DMU38	DMU39	DMU40	DMU41	DMU42	废水治理部门	废气治理部门	固体废物治理部门
中间投入	煤资源动用量	0	0	0	0	0	0	0	0	0	0	0	0	0
	石油资源动用量	0	0	0	0	0	0	0	0	0	0	0	0	0
	天然气资源动用量	0	0	0	0	0	0	0	0	0	0	0	0	0
	电力资源动用量	0	0	0	0	0	0	0	0	0	0	0	0	0
	DMU01	6 555	157 480	5 327 309	2 117 738	6 763 979	814 744	1 658 428	984 509	367 608	7 841	0	0	0
	DMU02	0	27 207	11 127	101 754	144 650	112 396	190 994	268 083	42 916	219 965	203 125	41 108	23 921
	DMU03	0	0	0	0	0	0	0	0	0	0	323 571	16 389	138
	DMU04	0	0	0	50 850	0	0	0	0	0	0	246 690	37 028	38 957
	DMU05	0	0	0	11 509	1 474	2 706	126	236	2 388	14	18 297	21 743	1 789

续表

投入 \ 产出		中间使用												
		DMU33	DMU34	DMU35	DMU36	DMU37	DMU38	DMU39	DMU40	DMU41	DMU42	废水治理部门	废气治理部门	固体废物治理部门
中间投入	DMU06	2 322 103	2 724 011	11 580 943	3 000 866	979 403	6 532 372	7 061 298	6 334 874	8 443 072	7 006 402	451 345	209 687	2 115
	DMU07	51 614	275 158	589 467	549 982	551 655	722 317	482 538	3 952 633	321 181	3 363 458	473 213	104 836	423
	DMU08	3 859 796	1 382 053	9 982 514	307 513	743 431	1 002 442	87 402	2 800 201	3 349 668	10 296 951	104 333	18 726	63
	DMU09	459 636	379 132	398 349	137 881	187 820	352 586	588	5 725	251 471	2 039 682	12 721	42 685	157
	DMU10	21 363 336	3 172 981	47 825 851	3 685 891	971 327	2 209 808	5 251 658	917 696	5 721 064	9 128 796	552 473	217 357	1 745
	DMU11	1 450 611	597 627	22 589 336	6 518 974	935 717	736 575	946 019	305 253	196 929	4 154 991	490 455	885 068	2 414
	DMU12	465 834	718 951	11 092 279	18 005 312	5 407 227	10 804 565	3 930 912	125 607 803	1 429 042	3 299 015	1 353 519	1 827 605	16 453
	DMU13	54 297	61 802	311 071	824 970	1 037 215	229 881	500 910	185 364	380 997	1 175 550	12 622	1 608 732	4 778
	DMU14	0	1 279	1 362	485 992	86 605	357 053	29 511	10	11 938	29	1 412 372	4 870 026	31 958
	DMU15	57 800	843 155	16 374 604	11 821 926	357 461	1 558 348	416 369	64 300	71 822	733 230	245 654	121 219	423
	DMU16	398 580	160 242	400 164	558 980	223 036	223 437	229 483	27 113	36 178	155 483	36 793	26 118	102
	DMU17	867 595	251 929	2 754	59 829	78 327	132 480	7 405	9 745 053	6 586	19 551	18 683	28 630	87
	DMU18	587 816	84 304	27 681 099	3 402 407	2 194 939	9 555 178	2 246	327 425	230 598	5 848 231	109 744	143 328	386
	DMU19	97 724	595 862	25 637 296	8 700 279	1 428 433	3 233 547	8 650	700 860	300 345	1 103 594	58 072	148 623	69
	DMU20	781 057	504 802	27 281 522	24 552 981	287 338	8 699 115	490 805	285 174	180 188	1 391 863	298 600	150 683	207
	DMU21	10 751	30 493	72 719	9 615 448	457 451	682 733	2 002 067	171 671	199 673	650 291	6 429	3 082	6
	DMU22	260 206	761 515	10 272 612	2 760 047	519 479	1 447 291	90	58 745	245 335	3 457	20 279	23 192	49
	DMU23	0	0	0	0	0	0	0	0	0	0	10 410	12 844	175
	DMU24	19 152	111 621	40 918	75 928	65 496	266 305	41 450	46 089	20 964	25 011	6 379	1 754	11
	DMU25	2 513 365	2 180 465	1 071 261	1 097 822	1 691 776	1 745 453	971 551	1 296 754	428 473	2 518 735	257 099	8 089 949	34 993
	DMU26	35 372	1 377 351	169 668	70 874	293 456	822 822	305 475	164 062	115 709	131 597	17 431	8 365	40
	DMU27	323 988	324 531	56 524	151 762	280 178	508 399	244 441	229 857	44 988	280 961	0	0	0

续表

投入 \ 产出		中间使用												
		DMU33	DMU34	DMU35	DMU36	DMU37	DMU38	DMU39	DMU40	DMU41	DMU42	废水治理部门	废气治理部门	固体废物治理部门
中间投入	DMU28	3 997 991	13 274 683	1 217 773	1 343 309	1 574 305	937 516	1 072 155	714 132	735 659	4 384 252	0	0	0
	DMU29	7 792 801	2 564 255	28 688 796	10 320 605	1 984 207	5 824 226	2 519 164	10 319 852	4 349 218	8 285 263	0	0	0
	DMU30	16 954 179	4 236 908	35 555 399	11 935 314	3 352 087	5 231 771	7 273 848	4 115 359	4 300 713	27 696 496	0	0	0
	DMU31	26 982 679	3 223 041	28 004 515	11 029 166	1 180 789	2 661 385	4 933 210	1 599 228	2 822 128	17 389 455	0	0	0
	DMU32	20 316 354	2 807 588	4 234 162	1 683 025	1 106 823	943 780	3 653 058	3 860 710	1 265 983	13 256 751	0	0	0
	DMU33	59 285 061	60 228 956	43 270 142	13 403 655	5 235 419	3 927 719	7 846 611	3 515 575	1 877 656	11 335 007	0	0	0
	DMU34	49 258 329	26 128 548	7 522 708	2 408 202	426 997	11 280 309	2 655 132	2 185 926	1 560 764	5 068 177	0	0	0
	DMU35	63 555 291	30 190 603	45 135 530	8 623 506	1 767 936	4 084 366	1 625 808	397 117	2 205 091	7 565 411	0	0	0
	DMU36	839 859	95 474	187 639	46 474 533	221 709	11 005	1 141 038	153 114	51 598	150 761	0	0	0
	DMU37	784 751	200 893	3 212 448	105 269	1 341 548	174 966	119 930	134 249	158 690	1 018 172	0	0	0
	DMU38	2 914 138	1 168 918	4 579 811	3 871 390	3 599 764	3 536 384	2 791 458	2 125 402	1 228 944	7 626 088	0	0	0
	DMU39	3 344 113	270 108	344 492	581 989	278 482	194 345	4 072 108	800 038	169 856	3 937 055	0	0	0
	DMU40	406 560	3 024	9 968	44 900	33 843	85 257	182 961	3 006 663	73 993	2 525 918	0	0	0
	DMU41	8 641 923	1 515 969	1 386 776	990 221	355 955	688 170	1 056 345	586 827	4 321 144	5 268 527	0	0	0
	DMU42	1 127 755	1 513 329	9 079 241	543 555	205 888	450 187	557 196	281 294	159 525	4 019 997	0	0	0
	废水产生量	0	0	0	0	0	0	0	0	0	0	0	0	0
	废气产生量	0	0	0	0	0	0	0	0	0	0	0	0	0
	固体废物产生量	0	0	0	0	0	0	0	0	0	0	0	0	0
总投入		882 407 185	582 144 658	603 051 564	331 522 027	86 967 656	201 670 737	303 099 728	338 015 945	97 143 986	440 054 899	18 759 643	51 264 156	465 510